JN079492

司法書士・税理士・宅地建物取引士が教える

絶対に知らないとヤバイ！

不動産取引
の進め方

司法書士　**赤津寛紀**
税理士　**柴崎貴子**
宅地建物取引士　**房野和由**

彩図社

はじめに

　現在、日本の住宅数はどれくらいあるか、ご存じですか？　5年ごとに総務省統計局が実施している「住宅・土地統計調査」の最新版である平成30年の調査によると、総住宅数6,240万戸（そのうち居住世帯のある住宅は5,361万戸）、空き家が848万戸。ちなみに、総住宅数は5年前に比べ2.9％増加、空き家も5年前に比べ3.6％増加しているといいます。

　数年前から、空き家が近隣住民に迷惑をもたらす「空き家問題」が社会問題化し、今後も少子高齢化・人口減少が進むことで空き家が増え続けることは容易に想像できますが、総住宅数が大きく減少することは考えづらいです。

　また、2019（平成31）年4月国土交通省から不動産ビジョンが発表され、その中で消費者ニーズの変化が紹介されています。すなわち、所有から利用への傾向が進行し、「借地借家でも構わない」がこの20年間で約6割の増加となっていると。

　最近はおしゃれな賃貸住宅が増えたことから、賃貸に対する抵抗感が薄れてきていることが読み取れますが、賃貸は借りているものです。当たり前ですが、家賃を延々と払い続けても自分のものにはなりません。

　本書は、現在は賃貸住宅に暮らしているが、いずれはマイホームを持ちたいと考えている人を対象に書かれました。毎週末に新聞の折り込み広告で目にする不動産情報を正しく読み取るための宅地建物の基本的事項から、家を買った（売った）ときの税金、不動産登記など法律的な話に至るまで、図解を交えながらわかりやすい記述を心掛けました。

　税金に関するテーマは税理士の柴崎氏に、法律に関するテーマは司法書士の赤津氏にお願いしました。この場を借りて御礼申し上げます。

　本書が読者の皆さまのお役に立てれば幸いです。

2021（令和3）年1月

宅地建物取引士　房野和由

本書の内容は、2021（令和3）年1月現在の法令に基づいています。

やっぱりマイホームは買うべきか?
― 最新持ち家事情 ―

持ち家志向は減退したか?

　私たち日本人は「持ち家志向」が強いといわれてきました。かつては、マイホームを購入して、「ようやく自分も一国一城の主だ」といったりしたものでした。

　また昔話をするようですが、「不動産の価格は必ず値上がりする」という土地神話なんてものもありました。バブル時代に地価高騰が起こり、マイホームは立派な資産として考えられていました。皆が早く土地・家を手に入れようと奔走していた時代でした。

　しかしバブル崩壊、リーマン・ショックによって景気後退が長引き、失われた10年が20年、30年になり、今では郊外の一戸建ては"負動産"なんていわれたりします。空き家が増えている、家が余っている時代に、持ち家志向は一時代前の価値観なのでしょうか?　まずは、そんなところから検証してみるとしましょう。

■データで見る日本の住宅事情

●居住世帯のある住宅の内訳

持ち家:3,280万2,000戸
借家:1,906万5,000戸
　(うち民間借家が1,529万5,000戸)

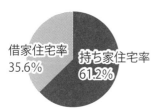

借家住宅率
35.6%

持ち家住宅率
61.2%

●都道府県別・持ち家住宅率
(2018年)

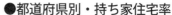
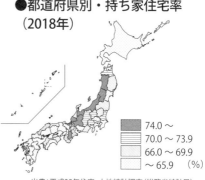

	74.0 〜
	70.0 〜 73.9
	66.0 〜 69.9
	〜 65.9　(%)

出典:平成30年住宅・土地統計調査(総務省統計局)

4

●持ち家住宅率－都道府県（2008年、2018年）

	持ち家住宅率の高い 都道府県（%）				持ち家住宅率の低い 都道府県（%）		
		2018年	2008年			2018年	2008年
1	秋田県	77.3	78.4(1)	1	沖縄県	44.4	50.2(2)
2	富山県	76.8	77.5(2)	2	東京都	45.0	44.6(1)
3	山形県	74.9	75.5(4)	3	福岡県	52.8	53.6(4)
4	福井県	74.9	77.4(3)	4	大阪府	54.7	53.0(3)
5	岐阜県	74.3	73.9(5)	5	北海道	56.3	57.2(5)

※2008年の（ ）内の数値は、2008年調査の順位。　　出典：平成30年住宅・土地統計調査（総務省統計局）

所有する楽しみを見つける

　持ち家住宅率は地域特性があるため、これらの数値を見ただけで、持ち家志向云々を語るのは無理があります。例えば、秋田県と東京都の数値を比べてもあまり意味がありません。また、都市部では賃貸住宅の質が向上し、"積極的に賃貸派"が多いとも考えられます。それでも、東京都の45.0％という数値は結構高いと思いますが、どうでしょう？　ちなみに、東京都以外の首都圏の持ち家住宅率は、神奈川県59.1％、埼玉県65.7％、千葉県65.4％といった状況です。

　あくまでも筆者の考えですが、長い間家賃を払い続けることに抵抗を感じます。やはり家は買った方がいい。ただし、マイホームが値上がりするなんて考えないこと。ずっとこの家に住み続けるつもりで購入すること。予算的に厳しい人はもっと中古物件に目を向けるべきです。

　そして、借りることでは得られない"所有する"楽しみを見つけること。自分の家で好きなことをして過ごす時間は、人生を豊かにしてくれます。

宅地建物取引士・税理士・司法書士が教える 絶対に知らないとヤバイ！ 不動産取引の進め方

目次

はじめに————————————————————— 3

プロローグ————————————————————— 4

第1章 物件選びのチェックポイント

1 不動産広告のココを見る①都市計画————————— 12

2 不動産広告のココを見る②土地区分————————— 14

3 不動産広告のココを見る③建物の種類————————— 18

4 不動産広告のココを見る④宅地と道路の関係———————— 20

5 不動産広告のココを見る⑤建ぺい率と容積率———————— 24

6 建物の仕様———————————————————— 26

7 一戸建てとマンション　どちらがお得？————————— 30

8 一戸建て購入までの流れ————————————————— 32

9 土地選びのポイント————————————————— 34

10 マンション購入の注意点————————————————— 36

11 中古物件という選択肢————————————————— 38

　　コラム　賃貸か持ち家か？————————————————— 40

第2章　マイホーム購入の進め方

1	不動産購入手続きの流れ	42
2	所有権とはそもそもどんな権利？	46
3	抵当権って何？	50
4	不動産登記の役割	52
5	登記事項証明書の読み方	54
6	宅建業者ってどんな業者？	62
7	取引態様とは？	64
8	媒介とはつまり何？	66
9	売買に関係するお金	70
10	固定資産税	72
11	建物を新築する	74
12	建売住宅を買う	76
13	中古住宅を買う	78
14	クーリング・オフ制度	80
	コラム　マンションの修繕積立金	84

第3章　失敗しない資金計画

1	資金計画の立て方	86
2	住宅ローンの選び方	88

3　住宅ローン① フラット35 ——————————— 92

4　住宅ローン② 銀行ローン ——————————— 96

5　頭金はいくら必要か？ ——————————— 100

6　35年ローンは避けるべきか？ ——————— 102

7　団体信用生命保険 ——————————— 104

8　火災保険と地震保険 ——————————— 106

9　繰上げ返済のすすめ ——————————— 110

10　住宅ローンは必ず借りられるの？ ——— 112

11　もしも住宅ローンが返せなくなったら ——— 114

　　　コラム　住みたい街ランキング ——————— 116

第4章　不動産にかかる税金

1　住宅ローン減税について ——————————— 118

2　住宅ローン減税の手続き ——————————— 122

3　マイホームを買うときの税金 ——————————— 128

4　マイホームを売るときの税金 ——————————— 132

5　マイホームを売ったときの5つの特例 ——————— 134

6　3,000万円の特別控除について ——————— 136

7　3,000万円特別控除の利用例 ——————— 144

8　買換え特例について ——————————— 148

9　買換え特例の利用例 ——————————— 150

10　税務署から「お尋ね」が来たら ——————— 156

11 親から住宅購入資金を贈与されたら───────── 160

12 相続で住宅を取得した場合──────────── 164

　　コラム　時限立法にご注意！──────────── 166

第5章　賃貸借に関するQ＆A10問10答

1 借地借家法ってどんな法律？────────── 168

2 賃貸借契約書で確認すべきことは？──────── 170

3 礼金は払わないといけないの？───────── 172

4 敷金は返してもらえる？──────────── 174

5 仲介手数料って何？────────────── 176

6 家賃を滞納したら……──────────── 178

7 更新料の支払いは拒否できる？───────── 180

8 急に立退きを言われて困った──────────── 182

9 大家から家賃の値上げを言われた──────── 184

10 無断転貸するとどうなる？──────────── 186

索引─────────────────── 188

本文イラスト：川本まる

第1章

物件選びの
チェックポイント

01 不動産広告のココを見る① 都市計画

都市計画って知っていますか？　普段は意識することはありませんが、私たちが生活している街の多くは都市計画区域にあります。

都市計画とは、どんな計画？

　都市計画とは、都市を計画的に建設していくための計画です。日本では都市計画法という法律があり、さまざまな規定が定められています。

　将来の人口・土地利用・主要施設などを想定し、そのために必要な規制や誘導、整備を行って、都市を適正に発展させていくことが都市計画法の目的です。

　要するに、都市計画とは"住みよい街づくり"のための計画。そして、この都市計画を実施するところを**都市計画区域**と呼びます。都市計画区域の指定は原則として都道府県が行い、例外として国土交通大臣が行います。

市街化区域と市街化調整区域

　都市計画区域が指定されると、次は**市街化区域**と**市街化調整区域**に分けられます。市街化区域は、①すでに市街地を形成している区域、および②おおむね10年以内に優先的かつ計画的に市街化を図るべき区域です。もう一つの市街化調整区域は、市街化を抑制すべき区域とされています。

　市街化区域と市街化調整区域に分ける作業を"線引き"というのですが、この線引きは先述の都道府県または国土交通大臣が決めます。市街化区域と市街化調整区域に分ける目的は、街が無秩序に市街化していくことを防止し、計画的に市街化を図るためです。ちなみに、市街化区域・市街化調整区域の制度ができたのは、1968（昭和43）年のことでした。

■日本は5つのエリアに分けられる

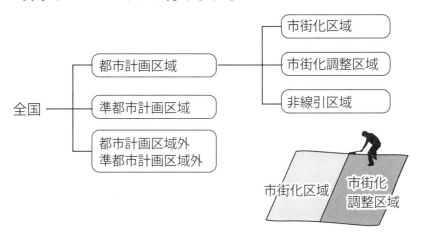

全国 ─┬─ 都市計画区域 ─┬─ 市街化区域
　　　│　　　　　　　　├─ 市街化調整区域
　　　│　　　　　　　　└─ 非線引区域
　　　├─ 準都市計画区域
　　　└─ 都市計画区域外
　　　　　準都市計画区域外

市街化区域　　市街化調整区域

■ほとんどの人が都市計画区域に住んでいる

都市計画区域として指定されているのは国土の25%くらいである。

日本の人口の90%程は、都市計画区域に住んでいる。

■市街化調整区域の土地は買ってもいいか？

不動産広告には

●都市計画/市街化区域

●都市計画/市街化調整区域

とあるので、ここを必ずチェックする。

市街化調整区域は建築が制限される等の制約があるため、将来売却するときに不利な面がある。その分、土地は安いが…。

一口に土地といっても、土地の種類は一つではありません。住宅系、商業系、工業系など、土地は13種類に区分されます。

用途地域って何？

　土地を買って自分の土地になったら、住宅を建てられるかといったら、そうとも限りません。土地には用途規制があり、建築を制限される場合があるためです。用途とは、使用目的です。現在、**用途地域**は13種類あり、それぞれ建てられる建造物等の種類や大きさが制限されています。まず土地を探して、そこに自分好みの家を建てたいと考えている人は、用途地域の知識が必須です。

工業専用地域に住宅は建てられない

　かつて用途地域は12種類でしたが、2018（平成30）年4月から「**田園住居地域**」という用途地域が追加されて13種類になりました。

　この用途地域は、以下の大きく3つに分けることができます。

1.住居系　住環境優先の地域。新たに追加された「田園住居地域」も住居系と見ていいでしょう。住宅も建築可能です。

2.商業系　商業優先の地域。近隣住民の買い物ができる商業施設、商業の利便を増進する地域。

3.工業系　工業優先の地域。工場の利便を増進する地域。

　16〜17ページの図表を見ればわかるように、住宅を建てられないのは、工業専用地域だけで、それ以外の12の用途地域では建築可能です。ただし、住居系の中にもいろいろと規制が設けられています。例えば、

第一種低層住居専用地域は、10ｍまたは12ｍの高さ規制があり、それを超える高さの建物は建てられません。第一種低層住居専用地域は「1～2階建ての低層住宅が立ち並ぶ住宅街」というイメージです。

■13種類に分類される用途地域

住居系

①第一種低層住居専用地域	低層住宅の良好な住環境を守るための地域。
②第二種低層住居専用地域	主に低層住宅の良好な住環境を守るための地域。
③第一種中高層住居専用地域	中高層住宅の良好な住環境を守るための地域。
④第二種中高層住居専用地域	主に中高層住宅の良好な住環境を守るための地域。
⑤第一種住居地域	住居の環境を保護するための地域。
⑥第二種住居地域	主に住居の環境を保護するための地域。
⑦準住居地域	道路の沿道等において、自動車関連施設などと、住居が調和した環境を保護するための地域。
⑧田園住居地域	農地や農業関連施設などと調和した低層住宅の良好な住環境を守るための地域。

商業系

⑨近隣商業地域	近隣の住民が日用品の買物をする店舗等の、業務の利便の増進を図る地域。
⑩商業地域	主に商業等の業務の利便の増進を図る地域。

工業系

⑪準工業地域	主に軽工業の工場等、環境悪化の恐れのない工場の利便を図る地域。
⑫工業地域	主に工業の業務の利便の増進を図る地域。
⑬工業専用地域	工業の業務の利便の増進を図る地域。

■用途地域による建築物の用途制限（一部）

用途地域による建築物の用途制限の概要 ○ 建てられる用途 × 建てられない用途 ①、②、③、④、▲、■：面積、階数等の制限あり		第一種低層住居専用地域	第二種低層住居専用地域	第一種中高層住居専用地域	第二種中高層住居専用地域	第一種住居地域	第二種住居地域
住宅、共同住宅、寄宿舎、下宿		○	○	○	○	○	○
兼用住宅で、非住宅部分の床面積が、50㎡以下かつ建築物の延べ面積の2分の1未満のもの		○	○	○	○	○	○
店舗等	店舗等の床面積が150㎡以下のもの	×	①	②	③	○	○
	店舗等の床面積が150㎡を超え、500㎡以下のもの	×	×	②	③	○	○
	店舗等の床面積が500㎡を超え、1,500㎡以下のもの	×	×	×	③	○	○
事務所等	事務所等の床面積が150㎡以下のもの	×	×	×	×	▲	○
	事務所等の床面積が150㎡を超え、500㎡以下のもの	×	×	×	×	▲	○
	事務所等の床面積が500㎡を超え、1,500㎡以下のもの	×	×	×	×	▲	○
ホテル、旅館		×	×	×	×	▲	○
遊戯・風俗施設	ボーリング場、スケート場、水泳場、ゴルフ練習場など	×	×	×	×	▲	○
	カラオケボックスなど	×	×	×	×	×	▲
	麻雀屋、パチンコ屋、射的場、馬券・車券発売所など	×	×	×	×	×	▲
	劇場、映画館、演芸場、観覧場、ナイトクラブなど	×	×	×	×	×	×
公共施設・病院・学校等	幼稚園、小学校、中学校、高等学校	○	○	○	○	○	○
	大学、高等専門学校、専修学校など	×	×	○	○	○	○
	図書館など	○	○	○	○	○	○
	巡査派出所、一定規模以下の郵便局など	○	○	○	○	○	○
	病院	×	×	○	○	○	○
	公衆浴場、診療所、保育所など	○	○	○	○	○	○
	老人ホーム、身体障害者福祉ホームなど	○	○	○	○	○	○
工場・倉庫等	単独車庫（附属車庫を除く）	×	×	▲	▲	▲	▲
	倉庫業倉庫	×	×	×	×	×	×
	自家用倉庫	×	×	×	①	②	○

準住居地域	田園住居地域	近隣商業地域	商業地域	準工業地域	工業地域	工業専用地域	備考
○	○	○	○	○	○	×	
○	○	○	○	○	○	×	非住宅部分の用途制限あり
○	①	○	○	○	○	④	①　日用品販売店舗、喫茶店、理髪店、建具屋等のサービス業用店舗のみ。2階以下　②　①に加えて、物品販売店舗、飲食店、損保代理店・銀行の支店・宅地建物取引業者等のサービス業用店舗のみ。2階以下　③　2階以下　④　物品販売店舗・飲食店を除く。■農業関連のみ。2階以下
○	■	○	○	○	○	④	
○	×	○	○	○	○	④	
○	×	○	○	○	○	○	▲2階以下
○	×	○	○	○	○	○	
○	×	○	○	○	×	×	
○	×	○	○	○	○	×	▲3,000㎡以下
▲	×	○	○	○	▲	▲	▲10,000㎡以下
▲	×	○	○	○	▲	×	▲10,000㎡以下
▲	×	○	○	○	×	×	▲客席200㎡未満
○	×	○	○	○	×	×	
○	×	○	○	○	×	×	
○	○	○	○	○	○	×	
○	○	○	○	○	○	○	
○	×	○	○	○	×	×	非住宅部分の用途制限あり
○	○	○	○	○	○	○	
○	○	○	○	○	○	×	
○	×	○	○	○	○	○	▲300㎡以下　2階以下
×	○	○	○	○	○	○	
○	■	○	○	○	○	○	①2階以下かつ1,500㎡以下　②3,000㎡以下　■農業関連のみ

不動産広告のココを見る③
建物の種類

建物の種類とは、建物の利用形態のことです。建物を特定するための一つの要素として、登記事項とされています。

建物の種類は何種類ある？

　建物の種類は何種類あるでしょうか？　居宅、店舗、事務所、病院、集会所…etc. 数え始めると一体いくつあるのか見当がつかなくなりそうですが、答えは37種類です。そして、この37種類は不動産登記規則第113条（12種類）と不動産登記事務取扱手続準則第80条（25種類）に定められており、合わせて37種類となっています。

　また、不動産登記法第44条には、「**建物の表示に関する登記の登記事項**」として、次の3つを規定しています。

1. 建物の所在
2. 家屋番号
3. 建物の種類、構造および床面積

　建物の種類は、建物の利用形態を意味します。利用形態とは、どういった用途の建物なのかということです。つまり、自らが住む居宅なのか、商売をする店舗なのか、仕事をする事務所なのか、どんな用途に使う建物であるのか明示します。

「居宅」は自宅？

　建物の登記簿謄本（登記事項証明書）などを見ると、「①種類」という欄があります。この種類とは、文字通り「建物の種類」を示しているので、例えば「**居宅**」と記載されていれば、その建物は"住宅として" 利用さ

れているのだろうと判断できます。これからマイホームを購入したいと考える人は「**居宅**」を探すことになるでしょう。ちなみに、居宅は一般の住宅のほか、別荘も含まれますので、念のため。

■建物の種類

不動産登記規則第113条1項

建物の種類は、建物の主な用途により、居宅、店舗、寄宿舎、共同住宅、事務所、旅館、料理店、工場、倉庫、車庫、発電所及び変電所に区分して定め、これらの区分に該当しない建物については、これに準じて定めるものとする。

不動産登記事務取扱手続準則第80条

規則第113条第1項に規定する建物の種類の区分に該当しない建物の種類は、その用途により、次のように区分して定めるものとし、なお、これにより難い場合には、建物の用途により適当に定めるものとする。

校舎、講堂、研究所、病院、診療所、集会所、公会堂、停車場、劇場、映画館、遊技場、競技場、野球場、競馬場、公衆浴場、火葬場、守衛所、茶室、温室、蚕室、物置、便所、鶏舎、酪農舎、給油所。

⬇

37の区分に該当しない建物は、用途により適当に定めることができる。

●自宅兼事務所の建物を建てたい

自宅を新築するとなった場合、士業やフリーランス、IT事業など、自宅を事務所として利用する場合、「建物の種類」はどうなるのか？

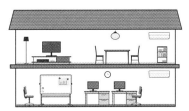

自宅と事務所など、主な利用目的が2つ以上ある場合は、「自宅兼事務所」として登記することになる。

不動産広告のココを見る④ 宅地と道路の関係

> 建物を建てるとなった場合、敷地が建築基準法で定められた道路に接していないと建築することができません。

接道義務とは？

　都市計画区域内の建物は、原則として道路に**2m以上**接した敷地でなければ建築することができません（建築基準法第43条）。これを**接道義務**といいます。文字通り「道に接する」義務があることを意味します。

　そして、この場合の「道路」とは、幅員**4m以上**の建築基準法上の道路です。詳しいことは、建築基準法第42条1項に定義されていますが、要するに「幅員4m以上の建築基準法上の道路に、2m以上接していなければ、建物は建てられない」と思ってください。

狭い道でも特定行政庁が指定したら道路

　先述のように、建築基準法で定義する道路とは、原則として幅員が4m以上のものを指します。しかし、4m未満のものであっても、特定行政庁の指定があれば道路なのです。

　どういうことかというと、建築基準法が施行されたのは昭和25年11月ですが、この当時、すでに家が立ち並んでいて、道幅が4m未満であっても、特定行政庁が指定したものは「道路」とみなします。

　この規定は建築基準法第42条第2項にあることから、通称 **"2項道路"** と呼ばれたりします。本来ならば幅員4m以上が道路なのだけれども、道路の整備より先に家が何軒も建築されたため、今すぐに4mの道幅にするのは困難な状況なので、4m未満でも道路と指定する（した）というわけです。でも、家を建て替える際は、4mの幅員を確保する必要があります。いわゆる**セットバック**することが必要です。

■建築基準法第42条の規定による道路

1	建築基準法42条1項1号道路	道路法の道路（国道、県道、市道など）で、幅員4m以上のもの。
2	建築基準法42条1項2号道路	都市計画法や土地区画整理法、都市再開発法などに基づき許認可を受けて築造したもの。
3	建築基準法42条1項3号道路	既存道路（建築基準法が施行された昭和25年11月23日に既に幅員4m以上の道として存在していたもの。
4	建築基準法42条1項4号道路	道路法や都市計画法で2年以内に事業の執行が予定されているものとして特定行政庁が指定したもの。
5	建築基準法42条1項5号道路	位置指定道路（土地の所有者が申請を行い、特定行政庁から位置の指定を受けて築造された道路）。
6	建築基準法42条2項道路	建築基準法の規定が適用された際、既に建築物が建ち並んでいて、特定行政庁が指定したもの。

特定行政庁（建築基準法第2条第35号）

　建築主事を置く市町村の区域については当該市町村の長をいい、その他の市町村の区域については都道府県知事をいう。

建築主事（建築基準法第4条）

1　政令で指定する人口25万以上の市は、その長の指揮監督の下に、〜（中略）〜確認に関する事務をつかさどらせるために、建築主事を置かなければならない。

2　市町村（前項の市を除く）は、その長の指揮監督の下に、〜（中略）〜確認に関する事務をつかさどらせるために、建築主事を置くことができる。

■建築基準法における道路
●建築基準法第42条第1項

　建築基準法第42条第1項の1〜5号に該当する幅員4m（特定行政庁がその地方の気候若しくは風土の特殊性又は土地の状況により必要と認めて都道府県都市計画審議会の議を経て指定する区域内においては6m）以上のもの。

幅員4m（6m）以上必要です

■接道義務

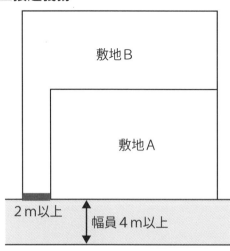

　建築物の敷地は、道路に2m以上接していなければならない。敷地Bのような旗竿状の敷地でも、2m以上の間口で道路に接する必要がある。2m未満の間口では、原則として建築確認を受けることができないので要注意。

■2項道路（建築基準法第42条第2項）

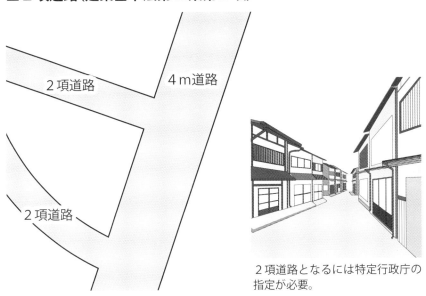

2項道路となるには特定行政庁の指定が必要。

■セットバック

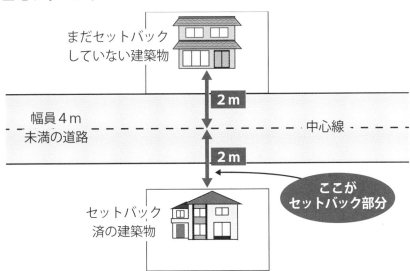

幅員が4m未満の道路は、道路の中心線から2mの線を道路と敷地の境界線とみなされる。家を建て直すときは、道路の中心線から2mの距離を確保できるようにセットバック（後退）させる必要がある。

不動産広告のココを見る⑤
建ぺい率と容積率

自分の土地の上ならば、どんな大きさの家を建ててもいいかといったら、そうではありません。建ぺい率と容積率という規制があります。

建ぺい率とは？

土地の広さに対する建築物の規模については、建築基準法や都市計画法などの法律によって規制が設けられています。その規制の代表格ともいえるのが「**建ぺい率**」と「**容積率**」です。

まず、建ぺい率から説明します。建ぺい率とは、敷地面積に対する建築面積（建て坪）の割合をいいます。

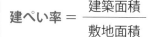

例えば、建ぺい率が60％の土地ならば、100㎡の敷地に対して最高60㎡（100㎡×60％）の建物面積（建て坪）となります。建ぺい率は、防火上と住環境配慮目的から設けられた規制ですので、自分の敷地でも土地いっぱいに建物を建てることができない地域もあります。

角地は建ぺい率が緩和される

建ぺい率の制限が緩和される場合もあります。知っておきたいのは、次の2つです。

1. 特定行政庁が指定する角地にあたる場合
2. 防火地域内の耐火建築物の場合

どちらの場合にも、建ぺい率の数値に**10分の1**が加算されます。同じ地域でも、角地^{かどち}の土地に人気があり、価格がちょっと高いのもこんな理由があるからです。

■建ぺい率は用途地域に応じて制限される

例1

第一種住居地域

敷地 100㎡

建ぺい率　60%

の場合

100㎡× 60% = 60㎡

100㎡の敷地に60㎡までの建築面積（建て坪）がOK

例2

商業地域

敷地 100㎡

建ぺい率　80%

の場合

100㎡× 80% = 80㎡

100㎡の敷地に80㎡までの建築面積（建て坪）がOK

建ぺい率の上限は用途地域ごとに最大値が決まっている。これを指定建ぺい率といい、例えば「商業地は80%」というように都市計画で定められている。

■容積率

容積率とは、敷地面積に対する延べ床面積（各階の床面積の合計）の割合のこと。都市計画で具体的な数値が指定される。

【事例】

100㎡の敷地で、建ぺい率60%、容積率100%だとしたら。

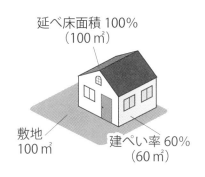

延べ床面積 100%
（100㎡）

敷地
100㎡

建ぺい率 60%
（60㎡）

建物の仕様

もしものとき、防災のために求められる建築物の仕様と性能については、やはり建築基準法の規定を満たす必要があります。

防火地域と準防火地域

防火地域・準防火地域とは、「市街地における火災の危険を防除するため定める地域」として、指定される地域のことです（都市計画法第9条20項）。加えて、この地域に関しては、建築基準法及び同法施行令において具体的な規制が定められています。

わかりやすい例を一つあげると、駅周辺などの建物が密集しているエリアは防火地域に指定されることが多いです。このような地域で、もし火災が発生したら、被害が甚大になると予想されるため、燃えにくく延焼しにくい建築物を建てなければならないという規制がかけられるわけです。なお、商業地域や工業地域だけでなく、住宅地域にも防火地域に指定されているところがあったりします。

耐火建築物と準耐火建築物

防火地域では、延面積が100㎡を超える建築物については**耐火建築物**としなければならないと決められています。100㎡とは、およそ30坪ですからこれを超える広さ（大きさ）の建物を建てる場合は、耐火建築物であることが要求されます。

耐火建築物とは、火災が発生したときの火熱に対し、主要構造部が非損傷性と遮熱性を持っていること等の条件を満たしたものをいいます。主要構造部とは、柱、梁、床、屋根、壁、階段などを指します。まさに建物の主要な部位にあたるところで、こういった部分が簡単には燃え落ちない性能を有していることが求められます。

　ちなみに、**準耐火建築物**は、耐火建築物の一つ下の概念です。やはり、主要構造部が準耐火構造またはそれと同等の準耐火性能を有するなどの条件を満たす建築物が該当します。

■防火地域のイメージ

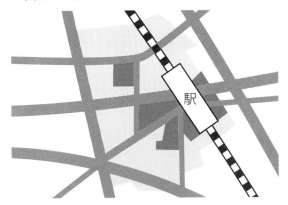

■ …防火地域
■ …準防火地域
■ …幹線道路

駅

駅周辺や幹線道路沿いは防火地域に指定され、その周囲が準防火地域に指定されることが多い。

■防火地域内の建築物

	延面積100㎡以下	延面積100㎡超
3階建て以上 （地階含む）	耐火建築物等	耐火建築物等
2階建以下	耐火建築物等 準耐火建築物等	耐火建築物等

【参考】

建築基準法第2条

　九の二　耐火建築物　次に掲げる基準に適合する建築物をいう。

　イ　その主要構造部が（1）又は（2）のいずれかに該当すること。

　（1）　耐火構造であること。

　（2）　次に掲げる性能（外壁以外の主要構造部にあつては、（ⅰ）に掲げる性能に限る。）に関して政令で定める技術的基準に適合するものであること。

（ⅰ）　当該建築物の構造、建築設備及び用途に応じて屋内において発生が予測される火災による火熱に当該火災が終了するまで耐えること。

（ⅱ）　当該建築物の周囲において発生する通常の火災による火熱に当該火災が終了するまで耐えること。

　ロ　その外壁の開口部で延焼のおそれのある部分に、防火戸その他の政令で定める防火設備（その構造が遮炎性能（通常の火災時における火炎を有効に遮るために防火設備に必要とされる性能をいう。）に関して政令で定める技術的基準に適合するもので、国土交通大臣が定めた構造方法を用いるもの又は国土交通大臣の認定を受けたものに限る。）を有すること。

　九の三　準耐火建築物　耐火建築物以外の建築物で、イ又はロのいずれかに該当し、外壁の開口部で延焼のおそれのある部分に前号ロに規定する防火設備を有するものをいう。

　イ　主要構造部を準耐火構造としたもの

　ロ　イに掲げる建築物以外の建築物であつて、イに掲げるものと同等の準耐火性能を有するものとして主要構造部の防火の措置その他の事項について政令で定める技術的基準に適合するもの

■耐火建築物

　都市計画法で定められた防火地域に建築物を建てる場合は、耐火建築物にする必要がある。例えば、RC造（鉄筋コンクリート造）。

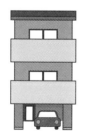

RCとはReinforced Concreteの略。鉄筋とコンクリート、異なる素材が良い面を生かし、同時にお互いの弱点を補完し合うとされる。コスト高になるのが難点。

■準防火地域で家を建てる場合

　通常、準防火地域は防火地域の周囲に広範囲に渡って指定されている。駅から比較的近く、通勤・通学に便利なため人気があるエリアであることが多い。ただ、都市部では地価が高く、大きな面積の土地はなかなか手が出ない。そこで狭い敷地を有効活用する3階建てが一つの選択肢となる。準防火地域で家を建てる（建て直す）としたら、どんな家が建築可能か？

4階建て以上 （もしくは延面積1,500㎡超）	耐火建築物
3階建てで 延面積500㎡超1,500㎡以下	準耐火建築物
3階建てで延面積500㎡以下	3階建て建築物の技術的基準※に適合する建築物

※地上3階建て建築物の外壁と軒裏は防火構造とし、屋根は不燃材料で葺き、外壁の開口部には防火戸を付けるなどの建築制限がある（建築基準法施行令第136条の2）。

　ちなみに、1～2階建てで延面積500㎡以下の場合は、木造（延焼のおそれのある部分については防火構造）とすることができる。

都市部で人気のある狭小住宅（3階建て・延面積500㎡以下）も、技術的基準適合建築物なら建築が可能。

一戸建てとマンション どちらがお得？

マイホームを購入するとしたら、一戸建てとマンション、どちらに するべきか？ 悩みどころです。

ライフスタイルに合わせた選択を！

一戸建てか、マンションか？ この選択は、究極の二者択一ともいえる問題です。販売価格や資産価値、住み心地などさまざまなファクターがあって、それぞれにメリット・デメリットがあるため、一戸建てとマンションの比較で「どちらが得！」と断言することはできません。

資産価値云々の話となると、通勤・通学に便利で、価格が下落しにくい駅近のマンションが立地面で有利だとの声をよく耳にしますが、自分のライフスタイル、趣味に合わせて納得がいく方を選ぶべきです。決めるのは自分です。

マンションは区分所有する形態となる

建物の区分所有等に関する法律（以下、区分所有法）によって、マンションは「**専有部分**」と「**共用部分**」に分かれます。簡単に説明すると、専有部分は個別の所有権を設定した部分をいいます。共用部分は、専有に含まれない部分を指し、具体的にはエントランスホールや階段、エレベーターといったところが該当します。分譲マンションを購入した場合は、一棟の建物を分割して（区分して）所有している感覚になります。

また、共同住宅である分譲マンションは、所有者（区分所有者）同士で協力し、管理組合を結成して建物の維持管理をしていくことになります。**管理組合**の総会、理事会の決議は多数決原理が採用されているため、ある議案に対して自分が反対意見を述べても、多数決で決められたルールの中に組み込まれます。

■自宅で趣味を満喫するなら一戸建て

一戸建ての魅力の一つは、自分の庭が持てること。

■マンションのメリット・デメリット

　都会の暮らしにあこがれる層に人気のマンションだが、典型的なメリット・デメリットをいくつかあげると次のようになる。

メリット

①防犯カメラやオートロックなどセキュリティー面が安心
②室内がフラット（室内段差がない）で高齢者でも暮らしやすい
③気密性、断熱性が高い
④建物周囲の掃除や設備管理などを委託できる
⑤自治会などを通じて人脈が広がる

デメリット

①上下左右に住戸が接しているため騒音トラブルが発生しやすい
②管理費や修繕積立金を毎月支払わなければならない
③駐車場を借りるのに毎月の利用料がかかる
④管理組合への参加義務がある
⑤リフォーム・リノベーションに制限がある

住宅ローンを完済しても、マンションは管理費・修繕積立金の支払いをずっと続けなければならない。

08 一戸建て購入までの流れ

不動産の売買には、いくつかの手順があります。契約の締結をしてから入居するまでの流れをざっくりと押さえてください。

まずは情報収集から

　新築マンション、中古マンション、新築一戸建て、中古一戸建てなど、物件の種類によって購入までの流れに若干の違いがあるものの、基本的には大差ありません。ここでは**建売住宅**など新築一戸建ての購入手順を中心に、一般的な段取りと手続きを確認してみるとしましょう。

　まず情報収集からですが、不動産情報誌や広告、インターネットなど、現在はさまざまな情報にアクセスできるので、好みの物件が見つかるまでじっくりと探すことが可能です。気になる物件があったら、資料請求をして、現地見学という流れになります。

手付金は物件価格の5〜10%が相場

　いくつか検討した候補の中から1件に絞り込みます。そして、購入の申込みへと進みます。申込みをする際には、印鑑と身分証明書などが必要になるので、営業担当者によく確認しておきましょう。

　通常、申込みの前後に住宅ローンの仮審査を受けます。また、物件によっては、**申込証拠金**が必要になることもあるので、金額等についても確認しておく必要があります。申込みから1週間ほどすると、**重要事項**（33ページ参照）の説明を受け、いよいよ売買契約の締結となります。契約を締結する際には、**手付金**を支払います。手付金の額は、物件価格の5〜10％が相場だとされています。そして、住宅ローンの本審査をパスし、頭金と諸費用を業者から指定された口座に振り込んで、物件の引き渡しを受けるという流れになります。

■重要事項説明

　重要事項とは、不動産取引時における契約（ここでは売買契約）が成立する前に、相手方（買主）に対して物件等に関する重要事項の説明を行うことをいう。不動産業者に物件の重要事項を、相手方（買主）に説明するように義務付けされている。重要事項説明は、宅地建物取引士が内容を記載した書面（重要事項説明書）を交付して説明を行う。重要事項説明書には、宅地建物取引士が記名押印する。

重要事項の説明を受け、納得した上で契約を締結する。

■手付金

　一般的に、不動産の売買契約では契約の締結時に、売主に対して買主が手付金を支払う。意外にも民法では、手付金の上限は定められていない。しかし宅建業法では、売主業者は売買代金の**20% 以内**にしなければならないと、手付金の額に制限を加えている（71 ページ参照）。

手付金

売買代金 1,000 万円の場合、
手付金は 200 万円が限度となる

買主
（一般消費者）

}手付金

手付金は、その後
売買代金に充当される

売主
（宅建業者）

手付金の額は、売買代金の 5 〜10％が相場とされる、また宅建業法上、手付金は解約手付として扱われ、買主は手付放棄をすることで契約を解除できる（70ページ参照）。

土地選びのポイント

失敗しない家探しをするには、いい土地、価値のある土地を探すのが第一歩です。

ハザードマップの確認をする

2019（令和元）年10月12日に日本に上陸した台風19号は、関東地方や甲信地方、東北地方などで記録的な大雨を降らせ、河川の氾濫や土砂崩れなど甚大な被害をもたらしました。東京都と神奈川県の境を流れる多摩川の下流域にあたる世田谷区や川崎市の一部地域で浸水被害が発生したことは、まだ記憶に新しいのではないでしょうか。

地方自治体のHPなどでは、**ハザードマップ**の情報をまとめています。ハザードマップは、自然災害による被害を予測し、その被害範囲を地図化したものです。ここに住んでいれば絶対安全という場所はないのかもしれませんが、過去に洪水などの被害に遭った地域は避けたいものです。

切土と盛土は大違い

切土とは、傾斜のある土地を平らにするために、地面を削り取って地盤面を低くすることをいいます。盛土はその逆で、傾斜のある土地を平らにするために、土砂を盛り上げて地盤面を高くすることをいいます。

郊外でよく目にする傾斜地を造成した宅地は、切土や盛土をして、ひな壇状にした土地を分譲しています。

こうした土地で気になるのは地盤の強度です。素人には、切土した部分なのか盛土した部分なのか一見しただけではわかりませんが、切土した部分の方が良い地盤だといえます。切土は、もとの地面を削っただけなので、地面が硬くしまっており、盛土に比べ災害などの被害を受けにくいと考えられるからです。絶対確認したいポイントです。

■切土と盛土

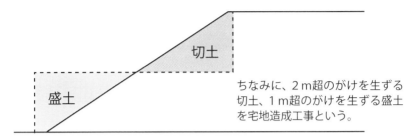

ちなみに、2 m超のがけを生ずる
切土、1 m超のがけを生ずる盛土
を宅地造成工事という。

■角地が人気になる理由

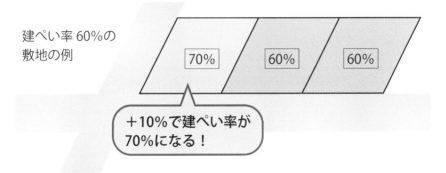

建ぺい率60%の
敷地の例

70%　60%　60%

＋10%で建ぺい率が
70%になる！

角地は建ぺい率が緩和される（10%割増）。

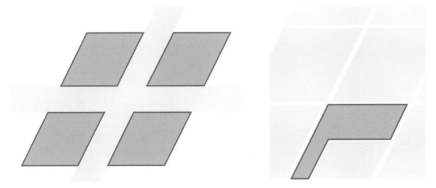

数が少ないことから、同じ面積であっても角地
の方が価格が高い。資産価値が下がりにくく、
将来売却することになっても有利。

旗竿地は、光が入りにくく、
風通しも悪いため人気がない。
その分、土地価格が安い。

10 マンション購入の注意点

新築マンション、中古マンションを購入するときの注意点、知っておくべきポイントは？

将来の資産価値を見定める

　一戸建てでもマンションでも、購入するとなったら、資産価値が下落しにくい物件を選びたいものです。都会の喧騒から少し離れた田舎暮らしにあこがれて、あえて郊外の一戸建てを購入する人もいますが、マンションの場合はちょっと事情が変わってきます。

　ご存じのように、今後も日本の人口は減少が続きます。人口の減少、とりわけ世帯数の大幅な減少が予測されるエリアに立地するマンションの資産価値は残念ながらほとんど期待できません。もし将来、売却をしようと思っても買い手がつきにくく、買いたたかれてしまうことでしょう。それくらい立地の善しあしは、マンションの資産価値に影響します。

中古マンションは自分の目で確かめる

　マンション周辺の環境と管理体制は「実際に現地に足を運んで自分の目で確かめろ」とよくいわれますが、売買を仲介している不動産会社も、マンションの駐輪場や駐車場、ゴミ置き場の状況まで完全に把握できているわけではありません。

　最近はネットでも、中古マンションの住み心地や生活のしやすさなど、良い面と悪い面も含めてある程度知ることができますが、所詮はネット上の情報にすぎません。例えば、不動産広告でよく見掛ける「○○駅から徒歩10分」は、**分速80ｍ**で計算した時間です。やはり、自分の足で実際に歩いてみる必要があります。途中に坂があったり、開かずの踏切があったりすれば、駅まで10分では着かないなんてこともあり得ます。

■やっぱり気になる耐震基準

旧耐震基準	1981（昭和56）年より前の物件	震度5程度の地震で、倒壊しない（崩壊しない）
新耐震基準	1981（昭和56）年以降の物件	震度6〜7程度の地震で、倒壊しない（崩壊しない）

中古マンションの購入は、
新耐震基準を満たした
物件を選ぼう！

1981（昭和56）年6月1日に建築基準法が改正され、新耐震基準が定められた。1981（昭和56）年6月1日以降の基準を「新耐震基準」といい、1981（昭和56）年5月31日までの建築確認の基準で建築されたマンションは「旧耐震基準」ということになる。ちなみに、阪神・淡路大震災が震度7、東日本大震災が震度6弱の揺れであった。

【参考】

世帯数を知るには

国立社会保障・人口問題研究所

で検索

http://www.ipss.go.jp/
syoushika/tohkei/Mainmenu.asp

将来推計人口・世帯数の推移を知ることができる。

11 中古物件という選択肢

お得に安く手に入れることができる中古住宅の魅力に、あらためて注目！　お気に入りの一軒を探してみましょう。

予算の制約があるなら中古住宅を狙う

　家を買うとなったら、選択肢は大きく２つ。すなわち、新築にするか中古にするか、ということになります。資金があれば、新築を買いたいと考える人がほとんどでしょう。やっぱり、床も壁も天井も真新しく、最新の設備を備えた新築住宅は、新品ならではの魅力があります。

　しかし当然のことながら、中古住宅に比べたら価格は高くなります。どうしても自分が住みたい街でマイホームを買いたいけれど、新築は予算オーバー。そんなときは中古物件を検討してみましょう。

中古住宅のメリット・デメリット

　新築のメリット・デメリットは、中古のデメリット・メリット、裏返しの関係にあります。中古住宅は価格が割安ではある一方で、経年劣化が付き物です。建物の状態によっては修繕が必要になることもあり得ます。屋根や外壁、水回りの修理・修繕等は結構な費用が掛かるため、現地で下見をするときには、必ず確認したい項目です。

　それでも、価格の安さは、中古住宅の最大のメリットです。一般的に、新築に比べ２〜５割程度は安く購入できます。しかし、価格が安くても、あまりに古い物件は避けるべきです。37 ページで説明したように、1981（昭和 56）年以降の**新耐震基準**の建物であることはもちろんですが、さすがに昭和の時代に建てられた家は、基本設計の古さは否めません。できるだけ築浅で、壁紙等がリフォーム済で即入居できるような物件を探しましょう。

■**中古住宅の担保評価について**

木造の一戸建て住宅の
耐用年数は22年

耐用年数を過ぎると
住宅ローン融資を
受けにくくなる

まだ
住めるのに…

銀行等の金融機関が行う担保価値査定は、一戸建ての場合は築年数や構造、広さによって算出される。担保評価が低いと、借入審査が通らないこともある。

■**意外に掛かる修繕費用**

　平均的な一戸建て（30坪前後）の家で外壁と屋根塗装を行った場合、80～100万円が相場とされる。

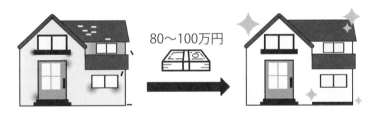

80～100万円

中古住宅を購入するなら

①築20年以内　②耐震性能有　③床面積50㎡以上
↓
住宅ローン減税を受けられる

（118ページ参照）

【コラム】
賃貸か持ち家か？

●自分の家という安心感

　賃貸か持ち家か、このテーマはファイナンシャル・プランナーや消費生活ジャーナリストなど、お金の専門家がそれぞれのメリット・デメリットを挙げて、「こちらの方が有利」という論調で語られがちです。

　例えば、賃貸のメリットは「引っ越しが気軽にできる」「固定資産税を払わなくていい」「住宅設備の修理・保全はオーナー持ち」など、住宅ローンを背負わずに生活していける気軽さをアピールします。対して持ち家のメリットは「住宅ローンを完済すれば、自宅が資産になる」という点が強調されます。

　賃貸か持ち家かの命題に、絶対的な答えはありません。ただし、あくまでも筆者の個人的な考えですが、自分の家であることの安心感はやはり大きいです。賃貸では、数年後、数十年後に建物の老朽化等の理由で立ち退きを迫られることになるかもしれません。若い時なら「引っ越しが気軽にできる」という賃貸のメリットも生きてきますが、ある程度の年齢になると、"気軽に"とはいかなくなります。また、以前ほどではないにせよ、高齢者の入居に難色を示すオーナーも少なくありません※。

　家賃の支払いも住宅ローンの返済も、住居に掛かるコストとしてとらえれば同じです。しかし賃貸では、年金生活になる老年期になっても、家賃コストが掛かり続けます。

　賃貸住宅に40年間住み続けた場合のトータルコストを計算してみてください。例えば、家賃7万円×12月×40年＝3,360万円です。賃貸派の人でもビックリするくらいの金額なのではないでしょうか。3,360万円あったら、郊外なら新築の建売住宅が手に入ります。都内でも比較的程度のいい中古マンションが探せそうです。

※「高齢者の居住の安定確保に関する法律」の精神にかんがみ、入居希望者が高齢の場合でも、理由なく入居審査の申込みを断ってはいけない。

第2章

マイホーム購入の
進め方

01 不動産購入手続きの流れ

第1章では物件選びのポイントを紹介しましたが、ここでは不動産購入の手続きと流れについて再度確認しておきましょう。

不動産の購入は物件探しに始まり登記で終わる

不動産を購入する場合、最終的に不動産が自分のモノになるまでいくつかの手続きが必要となります。また、各手続きの段階で複数の関係者が登場します。以下、一般的な流れを見てみましょう。

1. 物件探し

購入者の希望を踏まえて物件を探します。物件探しは決まった方法があるわけではありません。インターネットで検索することや不動産業者に依頼して希望の物件を探してもらうことも可能です。

インターネットは手軽に物件を探すことができて便利ですが、不動産業者は一般に公開されていない優良物件の情報を持っていることもあるため、専門業者に相談することは有効な方法です。

2. 買付交渉

希望の物件が見つかった場合、売主と買付交渉を行います。買付交渉の結果次第では、売主が当初提示していた販売代金より減額してもらうことも可能です。買付交渉は不動産業者を通して行うことが一般的です。

経験豊富な不動産業者の場合、買付交渉に入る前にある程度の見通しを示してくれるため、安心して交渉に臨むことができます。

3．売買契約の締結

　売主と買主で物件の**売買契約**を締結します。売買契約締結と同時に売買代金全額を支払う場合もありますが、銀行等からローンを組んで物件を購入する場合には売買代金の一部を**手付金**として支払います。一般的には、物件は売買契約締結時ではなく、売買代金全額を支払った時に買主の所有となる旨の**特約**を付けて売買契約を締結します。売買契約には、売主、買主の要望を特約として定めることが可能です。多くの場合、買主が銀行からローンを借入れることができなかった場合に無条件で契約を解除できる条項等を定めておきます。

> **特約の例**
> 第〇条（所有権移転時期）
> 　本物件の所有権は、買主が売主に対して売買代金の全額を支払い、売主がこれを受領した時に売主から買主に移転する。
> 第〇条（融資利用の特約）
> 　本契約で定めた期日までに融資の全額または一部の金額につき承認が得られないとき、または否認されたときは、買主は、売主に対し、〇年〇月〇日までであれば、本契約を解除することができる。
> 2　前項により本契約が解除されたときは、売主は、買主に対し、受領済の金員を無利息にて速やかに返還する。

4．ローン申込み

　売買契約を締結した後、銀行等にローンの申込みを行います。もっとも、買主は売買契約締結前にローンの**仮審査**を行っている

43

ため、銀行等がローンを承認することがほとんどです。

　仮審査を含めたローンの申込みでは、物件の資料や買主の収入を証明する書類など、数多くの書類を提出する必要があります。多くの場合は不動産業者がサポートしてくれます。融資の審査基準は金融機関ごとに異なるため、金融機関によって融資の可否の判断が分かれることもあります。

5．残金決済

　買主、売主、不動産業者が銀行に集まって残代金の支払いを行います。**不動産取引**という言葉を聞くと、この場面を想像する人が多いのではないでしょうか。

　残金決済では、**司法書士**が立会いを行います。司法書士が銀行に対して融資実行しても問題ない旨を伝えると、銀行は買主に対する融資を実行します。

6．登記手続

　売買代金を売主が受領した後、司法書士が**法務局**にて登記申請を行います。買主への所有権移転登記、ローン借入れに伴う**抵当権**設定登記などを申請します。

7. 登記完了

登記申請後、2週間程度で登記手続が終了し、買主に「**登記識別情報通知**」が発行されます。

司法書士の立会いとは？

司法書士は、残金決済の現場で不動産売買取引の有効性を確認し、売買に基づく登記申請を滞りなく行うことができるかを確認します。

まず、売主・買主の本人確認および意思確認を行います。運転免許証などの本人確認資料に基づき、売主・買主本人に間違いないかを確認します。

例えば、物件の所有者でない人間が売主に成りすましていた場合、買主は売買代金を支払ってもその不動産を取得することができなくなってしまいます。司法書士が確認を行うことでそのような事故を防ぎます。

また、司法書士は不動産取引を行う意思があるかについても確認を行います。売主が認知症になっていて判断能力が認められないと司法書士が判断した場合、不動産取引自体が不成立となってしまうこともあります。さらに、司法書士は登記手続に必要な書類がすべてそろっているか否かも確認します。

このように、司法書士は、売買契約の有効性および登記申請に必要な書類がすべてそろったことを確認し、銀行にその旨を伝達する役割を担います。司法書士の仕事は責任重大なのです。

第2章　マイホーム購入の進め方

用語解説

【手付（てつけ）】

売買契約締結時に買主が売主に対して支払う金銭のこと。買主は手付を放棄して売買契約を解除することができる（71ページ参照）。

売主は手付の倍額を買主に交付して売買契約を解除することができる。売買契約が解除されなかった場合、手付は売買代金の一部に充当される（33ページ参照）。

所有権とは
そもそもどんな権利？

物権の中でも所有権は最も知られた権利といえるものです。ここでは、所有権について基本的な知識を確認しておきましょう。

所有権とは？

　所有権とは、物を自由に使用・収益・処分することができる権利のことです。物に対する全面的・包括的支配権などといわれます。不動産の所有者は、第三者の干渉を受けることなく自分の意思で自由にその不動産を使用したり、賃貸したり、売却することができます。

　一方、所有者でない者は、原則として不動産を賃貸したり、売却することはできません。所有者でない者が不動産を売却しても、買主は所有権を取得することができないのです。

物権的請求権

　不動産を使用することができるのは、原則としてその所有者のみです。建物を例に考えた場合、建物に住むことができるのは、その所有者や賃貸借契約等によって使用権限を得た者のみです。権限なく建物に住んだ場合、**不法占有**となってしまいます。不法占有者に対し、所有者は建物の明け渡しを請求することが認められています。所有物に対する支配権を確保するため、所有者には次の権利が認められているのです。

権利の種類	内容
返還請求権	物を占有する者に対し、物の引き渡しを請求する権利
妨害排除請求権	物に対する支配を妨害する者に対し、その妨害の排除を求める権利
妨害予防請求権	物に対する支配が第三者によって妨害される危険性がある場合に、その妨害の予防を求める権利

所有権取得の原因

　所有権取得の原因として、代表的なものは**売買**でしょう。買主は、売買契約が成立した時点で売買目的物の所有権を取得します。売買のほか、**贈与**によっても所有権を取得することができます。

　所有権は、売買や贈与のような契約によらない方法で取得することもあります。**時効**（取得時効）がその典型例といえるでしょう。本来の所有者でない者でも、一定の期間、物を占有することによって、その物の所有権を取得することがあるのです。また、遺失物の拾得者が、所有者が現れない場合に、その遺失物の所有権を取得することも契約によらずに所有権を取得する例といえます。

所有権と不動産登記

　購入したい不動産がある場合、誰から購入したらよいのでしょうか。「この不動産は私のものです！」という人がいたとしても、所有権は目に見えないものなので、その人物が所有者である保証はありません。

　そのようなときに、**不動産登記**が役に立ちます。不動産登記は不動産に関する権利者を公示（こうじ）する制度です。

　購入したい不動産がある場合、その不動産に関する**登記事項証明書**を取得すると、所有者が記載されているのです。不動産登記制度によって、安心して不動産を購入することができるというわけです。

権利部（甲区） （所有権に関する事項）			
順位番号	登記の目的	受付年月日・受付番号	権利者その他の事項
1	所有権移転	平成○年○月○日 第○○○号	原因　平成○年○月○日相続 所有者　住所 A 順位2番の登記を移記
	余白	余白	昭和63年法務省令第37号附則 第2条第2項の規定により移記 平成○年○月○日
2	所有権移転	平成○年○月○日 第○○○号	原因　平成○年○月○日贈与 所有者　住所 B
付記1号	2番登記名義人 住所変更	平成○年○月○日 第○○○号	原因　平成○年○月○日住所移転 住所　新住所 B
3	所有権移転	平成○年○月○日 第○○○号	原因　平成○年○月○日売買 所有者　住所 C

登記事項証明書（一部）

不動産登記で所有権を守る

　不動産登記は、自己の権利を守るためにも重要な手段です。民法第177条は、不動産に関する権利取得の対抗要件として登記を要求しています。

　具体的には、不動産の購入者は、所有権を取得した旨の登記を行わなければ、利害関係を有する第三者に対して自分の所有権を主張できないのです。不動産に関する権利を確定的に取得するためには、契約を締結するだけでは足りず、登記をしなければならないといってもよいでしょう。以下、ケーススタディーをもとに考えてみましょう。

ケーススタディー

　Aさんは、Bさんから土地を購入しました。ところが、Aさんが所有権移転の登記をしないで放置している間に、Bさんはその土地をさらにCさんに売却し、Cさんが自己名義へ所有権移転登記を行ってしまいました。Aさんは、土地を取得できるでしょうか？

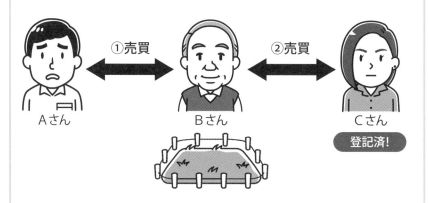

【解説】

　Bさんは、自分の土地をAさんとCさん2人に売却しています。このようなケースを**二重譲渡**といいます。1回売却した土地を再度ほかの人に売却するなんておかしいと思われるかもしれませんが、

法律的には可能とされています。

　ケーススタディーでは、AさんとBさん間の売買、BさんとCさん間の売買が共に有効となります。AさんとCさんのどちらが所有権を取得するかは**登記の有無**によって決することになります。この事例では、Cさんが登記を先に行っているため、Cさんが土地の所有権を取得することになるのです。

このように、不動産登記は自分の権利
を守るために必須のものなのです。

民法第177条

　不動産に関する物権の得喪及び変更は、不動産登記法その他の登記に関する法律の定めるところに従いその登記をしなければ、第三者に対抗することができない。

二重譲渡では、先に登記をした方が勝ち!

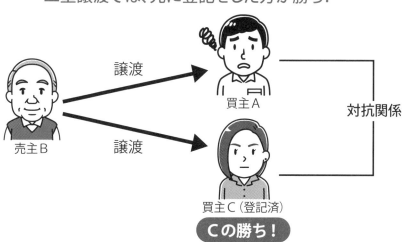

03 抵当権って何？

住宅ローンを借入れた場合、不動産に抵当権を設定することが一般的です。抵当権とはどのような権利なのか知っておきましょう。

抵当権とは？

抵当権とは、金融機関から住宅ローン等の借入れを行う際に、借入れの返済ができなくなった場合に備えて、金融機関が不動産を担保にとる権利のことをいいます。借入人がローンの返済をすることができなくなった場合、金融機関は抵当権に基づいて裁判所に担保不動産の**競売**を申立てます。そして、金融機関は売却代金から優先して弁済を受けることができるわけです。

抵当権と根抵当権の違い

根抵当権という権利があります。名前は抵当権と似ていますが、両者はまったく別の権利です。

抵当権は特定の債権を担保するものであるのに対し、根抵当権は一定の範囲の不特定の債権を担保するものです。わかりやすくいうと、抵当権は1回の取引しか予定されていないのに対し、根抵当権は継続的な取引を予定しています。

根抵当権では、**極度額**と**債権の範囲**という概念が使用されます。例えば、極度額が5,000万円、債権の範囲が銀行取引となっている場合、根抵当権設定後に行われる根抵当権者と借入人との銀行取引については、極度額の5,000万円に達するまですべて根抵当権で担保されることになります。取引が行われる度に、担保設定契約を結ぶ必要がない点で、根抵当権はとても便利な権利といえます。

最近では、住宅ローンの担保に根抵当権が使用されるケースも増えて

います。

抵当権は複数設定が可能

　抵当権は、1つの不動産に対して複数設定することが可能です。例えば、甲土地を所有する借入人がA銀行から3,000万円、B銀行から2,000万円借りた場合、両銀行ともに甲土地に対して抵当権を設定することが可能です。借入れの返済が滞り、甲土地が競売された場合には、抵当権の順位に従って各抵当権者が弁済を受けていきます。

　抵当権の順位は、登記された順番で決定されます。例えば、A銀行がB銀行より先に抵当権設定の登記を受けた場合、A銀行が第1順位、B銀行が第2順位となります。その後甲土地が4,000万円で競売された場合、A銀行は3,000万円全額の弁済を受けることができますが、B銀行は1,000万円しか弁済を受けることができません。抵当権者にとって登記の順位は極めて重要なのです。

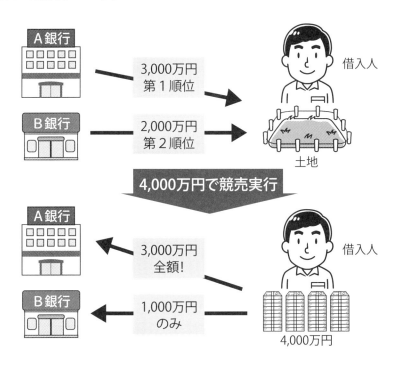

A銀行　3,000万円 第1順位　借入人

B銀行　2,000万円 第2順位

土地

4,000万円で競売実行

A銀行　3,000万円 全額!　借入人

B銀行　1,000万円 のみ

4,000万円

04 不動産登記の役割

不動産登記は、不動産に関する権利を守る制度です。不動産登記が果たす役割について理解しましょう。

そもそも不動産登記とは？

　不動産登記とは、不動産の現状や権利関係を法務局に備えられた「登記簿」に記録し、公示する制度です。登記簿に記録された内容は、**登記事項証明書**（「謄本」と呼ばれることも多い）を取得することによって知ることができます。登記事項証明書は、法務局に行けば誰でも取得可能です。

なぜ権利関係を公示するのか？

「権利」は目に見えないものです。不動産を購入した場合、不動産の「所有権」を取得しますが、「所有権」そのものを見ることはできません。登記制度により権利関係を公示しないと、購入したい不動産があっても誰から購入したらよいかわからなくなってしまいます。その不動産に抵当権等の担保が付いているかを調査することも困難となり、怖くて不動産を購入することができなくなってしまいます。権利関係を公示することは、安心して不動産取引を行うためには不可欠なのです。

　また、不動産登記は自己の権利を守るためにも欠かせないものです。民法第177条は、不動産に関する権利の得喪の**対抗要件**として登記が必要と規定しています。売買により所有権を取得しても、登記をしなければ完全に所有権を取得したとはいえません（49ページ参照）。

不動産登記が必要となる場合

　前述のように、不動産登記は不動産の権利関係を公示する制度である

ため、権利関係に変更があった場合に行う必要があります。また、不動産の現状に変更があった場合にも登記を行う必要があります。

　不動産登記が必要になるケースを下記の表にまとめてみました。

権利関係に変更があった場合	原状に変更があった場合
・不動産を購入した場合 ・相続が発生した場合 ・不動産を担保に融資を 　受けた場合 ・融資を完済した場合など	・建物を新築、増築した場合 ・建物を取り壊した場合 ・土地を合筆、分筆した場合 ・土地の利用方法（地目）を 　変更した場合

■登記できる権利とできない権利

　不動産に関する権利にはさまざまなものが存在するが、すべてが登記できるわけではない。登記することができない権利も存在する。

登記できる権利

所有権、抵当権、地上権、永小作権、地役権、先取特権、質権、賃借権、採石権

登記できない権利

占有権、留置権、入会権

登記事項証明書には、不動産の物理的現況や権利関係が記載されています。ここでは、登記事項証明書の読み方をマスターしましょう。

登記事項証明書

登記事項証明書とは、法務局の登記簿に記録されている内容を証明する書類です。登記簿謄本と呼ばれることもあります。法務局に行けば、誰でも登記事項証明書を取得することができます。法務局では、一部の例外を除いて日本全国の不動産の登記事項証明書を取得することができます。また、一定の手続きを行えば、インターネットにより登記事項証明書に記載されたものと同一の登記情報を閲覧することもできます。

法務局の窓口で登記事項証明書を取得する場合、1通あたり600円の手数料が必要になります。インターネットで登記情報を閲覧する場合には、1通あたり334円の手数料が必要になります。

法務局で登記事項証明書を取得するためには、交付申請書に物件情報を記載して窓口に提出します。申請書は法務局の窓口に備え付けてあります。

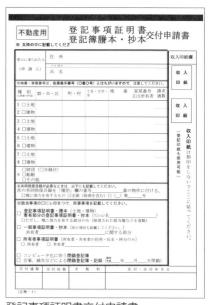

登記事項証明書交付申請書

登記事項証明書の構成

　登記事項証明書は「**表題部**」と「**権利部**」から構成されており、「権利部」はさらに「**甲区**」と「**乙区**」に分かれます。

「表題部」には、不動産の物理的な現況が記載されます。「甲区」には、所有権に関する事項が記載され、「乙区」には所有権以外の権利に関する事項が記載されます。対象不動産に所有権以外の権利が存在しない場合には、登記事項証明書に「乙区」は記載されません。

■各部の名称と内容

名称	表題部	権利部	
		甲区	乙区
内容	不動産の物理的な現況が記載される。 土地の場合：所在、地番、地目、地積など。 建物の場合：所在、家屋番号、種類、構造、床面積など。	所有権に関する事項が記載される。 差押などの処分の制限の登記も記載される。	所有権以外の権利に関する事項が記載される。 抵当権、根抵当権、質権、地上権、地役権、永小作権、先取特権、賃借権、採石権など。

登記事項証明書をどう読むか？

　登記事項証明書は、不動産の履歴書といえます。登記事項証明書を読めば、不動産の物理的現況や権利関係の推移を把握することができるわけです。ここでは、サンプルを用いて登記事項証明書の読み方を確認しましょう。

購入や相続によって、不動産を取得した場合は、自分に所有権が移ったことを示すために「所有権の移転登記」を行う。

1. 表題部

（1）土地

表 題 部 (土地の表示)		調製	平成10年○月○日	不動産番号	○○○○○○○○○○○○○ ※5
地図番号 余白		筆界特定 余白			
所 在 ※1	習志野市津田沼○丁目			余白	
① 地 番 ※2	② 地 目 ※3	③ 地 積 ㎡ ※4		原因及びその日付〔登記の日付〕 ※6	
○○番○	田	○○○		○○番○から分筆〔昭和61年○月○日〕	
余白	宅地	○○○・○○		②③昭和62年○月○日地目変更〔昭和62年○月○日〕	
余白	余白	余白		昭和63年法務省令第37号附則第2条第2項の規定により移記 平成10年○月○日 ※7	

- **※1** 「所在」は土地の場所を意味し、市区町村字まで記載される。
- **※2** 「地番」とは、土地1筆ごとに割り振られた番号のこと。地番と混同しがちなものとして住居表示があるが、住居表示は建物に割り振られた番号であり、両者は別物である。地番は法務局が割り振るのに対し、住居表示は市町村が割り振る。地番は必ず割り振られるのに対し、住居表示は必ず割り振られるとは限らない。登記事項証明書を申請する場合には、申請書に住居表示ではなく地番を記載する必要がある。
- **※3** 「地目」は土地の種類のこと。地目には、宅地・田・畑・雑種地・山林・原野・公衆用道路・境内地などが存在する。
- **※4** 「地積」とは土地の面積のこと。地目が宅地、鉱泉地の場合は小数点以下2桁まで表示され、その他の地目の場合は小数点以下は切り捨てて表示される（10㎡以下の場合は小数点以下も表示される）。
- **※5** 「不動産番号」とは、不動産ごとに付された13桁の数字で、不動産を特定するために使用される。
- **※6** 「原因及びその日付」欄には、土地の分筆や地目変更などの履歴が記載される。記載例の土地は、昭和61年に別の土地から分筆され、昭和62年に地目が田から宅地に変更されたことがわかる。
- **※7** 平成10年○月○日に紙の登記簿に記載されていた登記内容をコンピューター化したことを意味している。

（2）一戸建ての建物

表　題　部 (主である建物の表示)	調製	平成10年○月○日	不動産番号	○○○○○○○○○○○○
所在図番号	余白			
所　　在	習志野市津田沼○丁目○○番地○　※1		余白	
家屋番号 　※2	○○番○		余白	
① 種　類　※3	② 構　造　※4	③ 床　面　積　㎡	原因及びその日付〔登記の日付〕　※5
居宅	木造　亜鉛メッキ鋼 板葺2階建	1階　○○　│○○ 2階　○○　│○○	昭和62年○月○日新築
余白	余白	余白	昭和63年法務省令第37号附則第2条 第2項の規定により移記 平成10年○月○日

- ※1 「所在」は建物の場所を意味し、市区町村字および番地まで記載される。
- ※2 「家屋番号」は建物に割り振られた番号。法務局が割り振りを行う点で、市町村が割り振りを行う住居表示と異なる。
- ※3 「種類」は建物をその用途別に表示したもの。建物の種類には、居宅・共同住宅・倉庫・事務所・車庫などが存在する。
- ※4 「構造」は建物の構成材料、屋根の種類、階数を表示する。
- ※5 「原因及びその日付」欄には、建物の新築年月日や増改築の年月日などが記録される。

（3）区分所有建物の場合

　区分所有建物とは、一棟の建物内の各部分が構造上区分され、独立して住居、店舗等の用途に供することができる建物をいいます。独立した各部分を専有部分といいます。

　マンションをイメージすると、わかりやすいと思います。

　区分所有建物の場合、表題部は①一棟の建物の表示と②専有部分の建物の表示に分かれます。

①一棟の建物の表示

専有部分の 家屋番号	1253-25-102　　〜　1253-25-121　1253-25-201　〜 1253-25-220　1253-25-301　〜　1253-25-320 ~~1253-25-~~~~1253-25-~~~~〜~~~~1253-25-~~ 1253-25-1420　1253-25-1501　〜　1253-25-1519

表　題　部 (一棟の建物の表示)	調製	平成10年○月○日	所在図番号	○○○○○○○○○○○○○
所　在	習志野市津田沼○丁目○○番地○		余白	
建物の名称	○○○		余白	

①　構　造	②　床　面　積　㎡		原因及びその日付〔登記の日付〕
鉄骨鉄筋コンクリート 造陸屋根15階建	※1	1 階 ○○○ :○○ 2 階 ○○○ :○○ 3 階 ○○○ :○○	余白
		14 階 ○○○ :○○ 15 階 ○○○ :○○	
余白	余白		昭和63年法務省令第37号附則第2 条第2項の規定により移記 平成10年○月○日

表　題　部 (敷地権の目的である土地の表示)				
①土地の符号	② 所 在 及 び 地 番	③地目	③ 地　積　㎡	登 記 の 日 付
1	習志野市津田沼○丁目○番	宅地	※2 ○○○ :○○	昭和62年○月○日

※1 「構造」、「床面積」は建物全体の表示となっている。

※2 「敷地権の目的である土地」の所在及び地番、地目、地積が登記される。敷
地権とは、区分建物の所有者が有する敷地を利用する権利。

②専有部分の表示

表　題　部 (専有部分の建物の表示)			不動産番号	○○○○○○○○○○○○○
家屋番号 ※1	津田沼○丁目○○番○○		余白	
建物の名称 ※2	○○○		余白	

① 種　類	② 構　造	③ 床 面 積 ㎡	原因及びその日付〔登記の日付〕
居宅	鉄骨鉄筋コンクリート 造1階建	○階部分　○○ :○○	昭和62年○月○日新築 〔昭和62年○月○日〕
余白	余白	余白	昭和63年法務省令第37号附則第2条 第2項の規定により移記 平成10年○月○日

表　題　部 (敷地権の表示)			
①土地の符号	②敷地権の種類 ※3	③ 敷 地 権 の 割 合	原因及びその日付〔登記の日付〕 ※4
1	所有権	○○○○○○分の○○○	昭和62年○月○日　敷地権 〔昭和62年○月○日〕

- **※1** 「家屋番号」は専有部分ごとに割り振られる。
- **※2** 「建物の名称」は定めた場合にのみ記載される。
- **※3** 「敷地権の種類」には、所有権・地上権・賃借権などがある。
- **※4** 敷地権の表示欄の「原因及びその日付」には、敷地権化された日付が記載される。〔　〕内の日付は、登記された日を表している。

2. 権利部

(1) 甲区(所有権に関する事項)

権　利　部　（甲区）　（所有権に関する事項）			
順位番号 ※1	登記の目的 ※2	受付年月日・受付番号 ※3	権利者その他の事項 ※4
1	所有権移転	平成2年○月○日 第○○○号	原因　平成2年○月○日相続 所有者　住所 A 順位2番の登記を移記 ※5
	余白	余白	昭和63年法務省令第37号附則 第2条第2項の規定により移記 平成10年5月21日 ※6
2	所有権移転	平成19年○月○日 第○○○号	原因　平成19年○月○日贈与 所有者　住所 B ※7
付記1号	2番登記名義人 住所変更	平成26年○月○日 第○○○号 ※9	原因　平成21年○月○日住所移転 住所　新住所 B ※8
3	所有権移転	平成27年○月○日 第○○○号	原因　平成27年○月○日売買 所有者　住所 C ※10

- **※1** 「順位番号」は登記申請された順番を表している。
- **※2** 「登記の目的」は申請された登記の内容を示す。登記の目的が「所有権移転」となっている場合、不動産の所有権が何らかの理由で移転したことを意味している。「登記名義人住所変更」という目的の場合、所有者の住所が変更されたことを示している。
- **※3** 「受付年月日」は登記申請された日付を意味する。「受付番号」は法務局が受け付けた順番に従って登記に付すものである。
- **※4** 「権利者その他の事項」欄には、所有者の氏名・住所及び所有権取得の原因などが記載される

上記の登記事項証明書を見ると、不動産に関する所有権移転の経緯を

読み取ることができます。まず、平成2年に相続によりAさんが所有権を取得したことがわかります（ ※5 ）。そして、平成10年5月21日に登記簿が紙からコンピューターに移記されたことがわかります（ ※6 ）。

　Aさんが相続する前の所有者については、コンピューター移記前の情報を記載した**閉鎖謄本**という証明書を取得すればわかります。Aさんは不動産を相続後、平成19年にBさんに贈与しています（ ※7 ）。その後、Bさんは平成21年に住所を移転していますが（ ※8 ）、住所変更の登記を行ったのは5年後の平成26年です（ ※9 ）。現在の所有者であるCさんは、平成27年にBさんから不動産を購入しています（ ※10 ）。

（2）乙区（所有権以外の権利に関する事項）

権利部（乙区） （所有権以外の権利に関する事項）			
順位番号 ※1	登記の目的 ※2	受付年月日・受付番号 ※3	権利者その他の事項 ※4
1	抵当権設定	平成21年○月○日 第○○○号	原因　平成21年○月○日 金銭消費貸借同日設定 債権額　金5,000万円 利息　年○%（年365日の日割計算） 損害金　年○% 債務者　住所　B 抵当権者　住所 ○銀行 （取扱店○○支店） ※5
2	1番抵当権抹消	平成27年5月10日	原因　平成27年5月10日解除 ※6
3	抵当権設定	平成27年5月10日 第○○○号	原因　平成27年5月10日保証委 託契約にもとづく求償債権同日設定 債権額　金3,000万円 損害金　年○%（年365日の日割 計算） 債務者　住所　C ※7 抵当権者　住所　○銀行 共同担保（ア）第○○○号 ※8

共同担保目録 ※9						
記号及び番号	（ア）第○○○号			調製	平成　年　月　日	
番号	担保の目的である権利の表示		順位番号	予備		
1	習志野市津田沼○丁目○番○の土地		3	余白		
2	習志野市津田沼○丁目○番○の土地		1	余白		

※1 「順位番号」は登記申請された順番を表している。抵当権や根抵当権などの担保権の場合、先順位の抵当権が優先して弁済を受けるため、順番が若い抵当権ほど強力といえる。

※2 「登記の目的」は申請された登記の内容を示す。乙区に登記される権利としては、抵当権・根抵当権・質権・地上権・地役権・永小作権・先取特権・賃借権・採石権などがある。

※3 「受付年月日」は登記申請された日付を意味する。「受付番号」は法務局が受け付けた順番に従って登記に付すものである。

※4 「権利者その他の事項」欄には、各権利の権利者の氏名・住所及び権利設定の原因、権利の内容などが記載される。例えば、抵当権の場合、債権額や抵当権者、債務者、利息、損害金などが記載される。

※8、9 金銭を借入れる際に、複数の不動産を担保に入れることを共同担保という。共同担保目録を見れば、共同担保となっている物件を確認することができる。

　上記の登記事項証明書を見ると、Bさんが平成21年に5,000万円を借入れ、土地に抵当権を設定していることがわかります（※5）。その後、平成27年5月10日にBさんを債務者とする抵当権が抹消され（抹消された抵当権には下線が引かれます）（※5、6）、同日にCさんを債務者とする抵当権が共同担保として2筆に設定されていることがわかります（※7、8、9）。BさんがCさんに土地を売買し、その売却代金で借入れを返済したことがうかがわれます。

　このように、不動産の登記事項証明書を読めるようになると、その不動産について起こった出来事が手に取るようにわかるのです。

06

宅建業者ってどんな業者？

不動産業と宅地建物取引業（宅建業）はイコールではありません。
また、宅地建物取引士とはどんな人なのでしょう？

宅地建物取引業とは？

　家を買いたい、売りたいときは、街の不動産屋さんを訪れる人が多い
と思われます。「○○不動産」の看板を掲げて営業している業者を指し
て"不動産屋さん"と呼んでいますが、これは正しいのでしょうか？

　いわゆる不動産業には、**売買**、**仲介**、**賃貸**、**管理**など幅広い業種が含ま
れます。これに対して、宅地建物取引業（以下、宅建業）とは、不動産業
のうち売買や仲介のみが業種となります。宅地建物取引業の「**取引**」とは、
自らが行う売買や交換、または売買・交換・貸借の代理・媒介をするこ
とを業として行うことをいいます。「**業として**」とは、不特定多数の者に
対して取引を行うという意味で使われる言葉です。例えば、自らがオー
ナーとして行うアパート経営は不動産業ではありますが、宅建業には含
まれません（貸借の代理・媒介をすることであれば宅建業です）。

宅地建物取引士という専門家

　宅建業を行う場合は、免許が必要となります。宅建業の免許は、国土
交通大臣免許と都道府県知事免許の2つがあります。2つ以上の都道府
県に事務所を設置する場合は国土交通大臣免許を、1つの都道府県に事
務所を設置する場合は都道府県知事免許を受けることになります。

　宅建業の免許を受けるためには、事務所等に不動産に関する専門的知
識を持った**宅地建物取引士**（宅建士）を一定数以上置かなければならな
いという決まりがあります。取引における重要な業務については、免許
持ちである宅地建物取引士しか行うことができません。

■宅建業とは？

売買・交換・貸借の代理・媒介を行うのが宅建業。

部屋を借りたい人 → 相談 → 宅建業者 ← 相談 ← アパートオーナー

賃貸住宅の媒介も宅建業である。

■国土交通大臣免許と都道府県知事免許

国土交通大臣免許
複数の都道府県で不動産業を営む

都道府県知事免許
単一の県で不動産業を営む

例えば埼玉県内だけに事務所を設置する場合は、埼玉県知事の免許を受けることになる。免許を受けた業者は、不動産広告等に「宅建業：埼玉県知事免許（○）第○○○○○号」の文字が記載されているので探してみよう。

■宅建士の専権業務

1. 重要事項の説明（宅地建物取引業法第35条）
2. 重要事項説明書への記名・押印（宅地建物取引業法第35条）
3. 契約内容記載書への記名・押印（宅地建物取引業法第37条）

　上記3つの業務は、宅地建物取引士でなければできない。不動産会社の社員であっても、宅地建物取引士の資格がなければ重要事項の説明等を行うことはできないのである。

07

取引態様とは？

宅建業者は取引をするときに、例外なく「取引態様」を明示しなければならないとされています。

取引態様の明示義務

　取引態様とは、不動産取引における宅建業者の関わり方のことであり、売主・貸主・代理・仲介（媒介）の4つの形態があります。

　宅建業者が広告するときは、この取引態様を明示することが義務付けられており、顧客に対して「取引態様の別」を明らかにしなければなりません。取引態様によって、宅建業者が得る報酬額が異なるため、報酬額の明示は顧客の利害に直結します。取引態様の明示義務に違反した場合は宅建業法違反となり、その宅建業者が業務停止処分の対象となるなど、結構重い処分を受けることになります。

家探しなら、売主と仲介（媒介）に注目

　売主・貸主・代理・仲介（媒介）の4つの取引態様のうち、マイホームの購入を考えている人が知っておくべきことは、売主・代理・仲介（媒介）の3つです。

　具体的に見てみましょう。不動産情報誌や不動産の折り込み広告で、よく目にするのは、

●取引態様/売主

●取引態様/媒介

　この文言は記載の通りに解釈すればよく、それぞれ取引態様が売主であること、媒介であることを明示しています。ちなみに、代理とは、売主から代理権を得た不動産会社等であり、売主に代わって契約をするというものです。

■取引態様の明示

明示する方法には制限がなく、文書に限らず、口頭で行ってもよいとされている。

ココを見る！

取引態様を明示しない　→　宅建業法第34条違反

（取引態様の明示）

第34条　宅地建物取引業者は、宅地又は建物の売買、交換又は貸借に関する広告をするときは、自己が契約の当事者となって当該売買若しくは交換を成立させるか、代理人として当該売買、交換若しくは貸借を成立させるか、又は媒介して当該売買、交換若しくは貸借を成立させるかの別（次項において「取引態様の別」という。）を明示しなければならない。

2　宅地建物取引業者は、宅地又は建物の売買、交換又は貸借に関する注文を受けたときは、遅滞なく、その注文をした者に対し、取引態様の別を明らかにしなければならない。

■売主の物件はちょっとお得！

売主につき
仲介手数料不要です

売主から直接不動産を購入すると、手数料が掛からない。

08 媒介とはつまり何？

不動産を売却するときは、不動産業者と媒介契約を締結するのが一般的。媒介契約は全部で3種類あります。

媒介と仲介は違うの？

前項の取引態様のところで触れたように、不動産業者が売主と買主の間を仲立ちすることを**媒介**といいます。また、不動産広告を見ていると「売主につき仲介手数料不要」という文字を目にしたりします。

「仲介」と「媒介」は似たような言葉ですが、これは同じ意味に受け取っていいのでしょうか？　その答えは、ほとんど同じと思って大丈夫です。不動産取引において、この2つの言葉はほぼ同じ意味で使われていますが、媒介は不動産業者と契約する場面で用いられます。

媒介には3種類ある

不動産のような高額なものを個人で買い手を見つけるのは難しいので、不動産業者（宅建業者）と**媒介契約**を結ぶのが一般的です。

宅建業者の立場からすると、媒介とは取引相手を探してほしいと依頼されることにほかなりません。要するに「家を売りたいので買い手を探してほしい」という依頼です。宅建業者がこの依頼を受けて承諾すると、媒介契約の成立となるわけです。ちょっと専門的になりますが、媒介契約には**一般媒介契約、専任媒介契約、専属専任媒介契約**の3種類があります。不動産広告等には「■取引態様／専任媒介」のように記載されているので、簡単に見分けることができます。3つの媒介契約について、どれにするかは依頼者が選択できようになっています。それぞれにメリット、デメリットがありますので、不動産を売りたいと考えている人は、自分にとって有利な契約を選ぶ必要があります。

■一般媒介契約

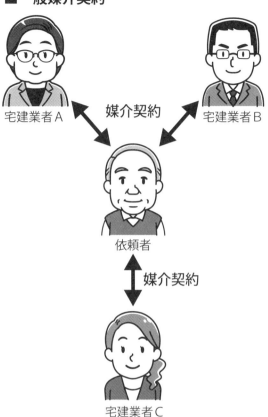

宅建業者A　媒介契約　宅建業者B

依頼者

媒介契約

宅建業者C

自己発見取引

可能

複数の宅建業者と契約できる。自分で買い手を見つけても契約できる。

■専任媒介契約

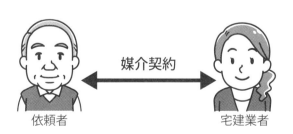

依頼者　媒介契約　宅建業者

自己発見取引

可能

1つの宅建業者のみと契約できる。自分で買い手を見つけても契約できる。

67

■専属専任媒介契約

媒介契約

依頼者　　　　　　　　宅建業者

自己発見取引

禁止

1つの宅建業者のみと契約
できる。自分で買い手を見
つけての契約はできない。

■宅建業者の義務

一般媒介契約	報告義務なし
専任媒介契約	2週間に1回以上、依頼者に販売状況を報告
専属専任媒介契約	1週間に1回以上、依頼者に販売状況を報告

■家を売る場合、一般媒介契約は本当に有利か？

メリット

デメリット

売れたのかな？

自分で買い手を見つけられる

　一般媒介は複数の宅建業者と契約できることから、業者が積極的に動いてくれず、
なかなか買い手が見つからないことも少なくない。

■一般媒介契約書（見本）

一般媒介契約書

依頼の内容 □売却・□購入・□交換 ｜ この媒介契約は、国土交通省が定めた標準媒介契約約款に基づく契約です。

この契約は、次の3つの契約型式のうち、**一般媒介契約型式**です。なお、依頼者は、重ねて依頼する宅地建物取引業者を明示する義務を負います。重ねて依頼する宅地建物取引業者を明示しない契約とする場合は、その旨を特約するものとします。
●専属専任媒介契約型式
依頼者は、目的物件の売買又は交換の媒介又は代理を、当社以外の宅地建物取引業者に重ねて依頼することができません。
依頼者は、自ら発見した相手方と売買又は交換の契約を締結することができません。
当社は、目的物件を国土交通大臣が指定した指定流通機構に登録します。
●専任媒介契約型式
依頼者は、目的物件の売買又は交換の媒介又は代理を、当社以外の宅地建物取引業者に重ねて依頼することができません。
依頼者は、自ら発見した相手方と売買又は交換の契約を締結することができます。
当社は、目的物件を国土交通大臣が指定した指定流通機構に登録します。
●一般媒介契約型式
依頼者は、目的物件の売買又は交換の媒介又は代理を、当社以外の宅地建物取引業者に重ねて依頼することができます。
依頼者は、自ら発見した相手方と売買又は交換の契約を締結することができます。

依頼者甲は、この契約書及び一般媒介契約約款により、別表に表示する不動産（目的物件）に関する売買（交換）の媒介を
宅地建物取引業者乙に依頼し、乙はこれを承諾します。

　平成　　　年　　月　　日

　甲・依頼者　　　住　　所

　　　　　　　　　氏　　名　　　　　　　　　　　　　　　　　　　　　　　　　　印

　乙・宅地建物取引業者商　号　（名　　称）

　　　　　　　　　代　表　者

　　　　　　　　　主たる事務所の所在地

　　　　　　　　　免許証番号　　　　　　　免許（　）第　　　　号

1　依頼する乙以外の宅地建物取引業者
　（商号又は名称）　　　　　　　　　　　（主たる事務所の所在地）

2　甲の通知義務
　一　甲は、この媒介契約の有効期間内に1に表示する宅地建物取引業者以外の宅地建物取引業者に重ねて目的物件の売買
　　又は交換の媒介又は代理を依頼しようとするときは、乙に対して、その旨を通知する義務を負います。
　二　甲は、この媒介契約の有効期間内に、自ら発見した相手方と売買若しくは交換の契約を締結したとき、又は乙以外の宅地
　　建物取引業者の媒介若しくは代理によって売買若しくは交換の契約を締結させたときは、乙に対して、遅滞なくその旨を
　　通知する義務を負います。
　三　一及び二の通知を怠った場合には、乙は、一般媒介契約約款の定めにより、甲に対して、費用の償還を請求することができます。

3　媒介に係る業務
　乙は、契約の相手方との契約条件の調整等を行い、契約の成立に向けて努力するとともに、次の業務を行います。
　一　乙は、甲に対し、目的物件を売買すべき価額又は評価額について意見を述べるときは、その根拠を明らかにして説明を
　　行います。
　二　甲が乙に目的物件の購入又は取得を依頼した場合にあっては、乙は、甲に対し、目的物件の売買又は交換の契約が
　　成立するまでの間に、宅地建物取引主任者（以下「取引主任者」といいます。）をして、宅地建物取引業法第35条に定める
　　重要事項について、取引主任者が記名押印した書面を交付して説明させます。
　三　目的物件の売買又は交換の契約が成立したときは、甲及び甲の相手方に対し、遅滞なく、宅地建物取引業法第37条
　　に定める書面を作成し、取引主任者に当該書面に記名押印させた上で、これを交付します。
　四　乙は、甲に対し、登記、決済手続等の目的物件の引渡しに係る事務の補助を行います。
　五　その他（　甲は、目的物件の評価証明及び公課証明の取得を乙に委任します。　　　　　　　　　　　　　　　）
　　甲は、目的物件の重要事項調査に関する一切の権限を乙に委任します。

09 売買に関係するお金

家を買うとなった場合に必要となるのはもちろん購入代金ですが、それ以外にも関係してくるお金があります。

仲介手数料の額は法律で決まっている

マイホームを購入する際には、物件価格以外にも、**手付金**や**仲介手数料**、**登記費用**などの諸費用が掛かります。ここでは購入前、購入時に掛かる費用の中から、とくに知っておきたい仲介手数料と手付金についてまとめておきたいと思います。

まず、仲介手数料からです。通常、中古の一戸建てやマンションを購入するときは、仲介する不動産会社（宅建業者）等を通して購入することになります。このとき仲介業者に払う報酬が仲介手数料です。金額については、宅建業法で決められており、「**代金×3％＋6万円**」（宅建業者が消費税の課税業者であれば税額10％を上乗せされる）が上限とされており、法外な金額を要求されるようなことはありませんので、心配要りません。

手付金は解約手付とみなされる

手付とは、契約するときに買主が売主に支払うものです。手付には、解約手付、違約手付、証約手付、損害賠償の予定を兼ねる手付の4種類がありますが、不動産売買契約における手付は“**解約手付**”とみなされます。解約手付の性質を簡単に説明すると、買主は手付金を放棄することで、売主は手付金を買主に倍返しすることで契約の解除ができるというものです。

要するに、買主の立場からすると、契約を締結して手付金も払ったけれど、ほかにもっといい物件が見つかったときは、手付金を放棄して、契約を解除できるというわけです。

■報酬額の制限

売買価額	報酬額
200万円以下	売買価額（消費税抜きの価格）×5％
200万円超～400万円以下	売買価額（消費税抜きの価格）×4％＋2万円
400万円超	売買価額（消費税抜きの価格）×3％＋6万円

※消費税の課税業者の場合は、報酬額に消費税分10％が上乗せされる。免税業者の場合は4％の上乗せとなる。

■不動産売買契約での手付は解約手付とみなされる

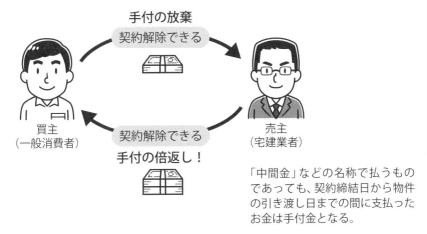

手付の放棄
契約解除できる

買主
（一般消費者）

売主
（宅建業者）

契約解除できる
手付の倍返し！

「中間金」などの名称で払うものであっても、契約締結日から物件の引き渡し日までの間に支払ったお金は手付金となる。

■手付金の額には上限がある

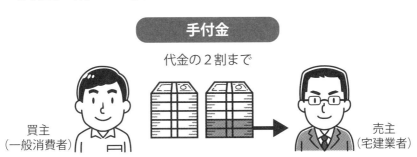

手付金

代金の2割まで

買主
（一般消費者）

売主
（宅建業者）

売主が宅建業者、買主が一般消費者の場合は、手付金は2割以内。

10 固定資産税

不動産売買にかかわる固定資産税は、購入時、所有している間、売却時でどのような取扱いになっているのでしょうか？

固定資産税とはどのような税金か？

そもそも**固定資産税**とは、土地や家屋を所有している人に課せられる税金です。固定資産の所在する市町村が課税する税金（地方税）ですが、東京23区内においては、特例で東京都が課税をすることになっています。

●固定資産税を納めなければならない人

毎年**1月1日**（賦課期日）に、土地や家屋及び償却資産（事業に使われる機械など）を所有している人で、固定資産課税台帳に登録されている人です。

●固定資産税の納付方法

各自治体によって違いはありますが、大まかにいうと年4回の納期があります。東京都では令和2年度は以下のようになっていました。

第1期分の納期限	6月30日	第3期分の納期限	12月28日
第2期分の納期限	9月30日	第4期分の納期限	3月1日

例年、6月1日前後に固定資産の所有者に納税通知書が発送されます。

> **固定資産税の税率**
>
> ①土地…課税標準額 × 税率1.4%
>
> ②家屋…課税台帳に登録されている価格 × 税率1.4%

固定資産を購入したときの税負担

　土地や家屋を購入したときは、「**固定資産税清算金**」という項目で金銭を購入価格と共に支払うことがあります。これは、先述した固定資産税の賦課期日が１月１日になっているためです。

　１月１日に所有している人（Aさんとします）に対し６月ごろに納税通知書が届くため、すでに売却した場合でもAさんに納税義務があります。そのため、不動産を購入した人（Bさんとします）がその購入した日以後についての固定資産税を負担することになります。

　しかし、この支払いを済ませたとしても「購入者＝Bさんが納税義務者」になるわけでなく、あくまでもAさんが納税義務者なので、BさんはAさんに自分の所有期間の分の固定資産税を清算して支払う形になります。通常、この所有期間は売買日をもとにして日割り計算をします。

　この固定資産税清算金については法的な取り決めではないので、売買の当事者がどうするか決めることもできます。しかし清算金を支払うのが全国的に売買取引の慣例となっているようです。

●売却した人の税務上の取扱い

　固定資産税清算金について、売却した人は譲渡対価に入れて計算しなければなりません。契約書上の売買金額は固定資産税清算金を加算した金額となります。

●購入した人の税務上の取扱い

　購入した人は、固定資産税清算金を取得費として処理することができます。不動産貸付などを行っている人は、購入した不動産の取得価額に算入します。必要経費とすることはできません。

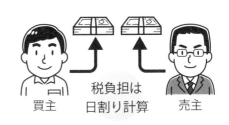

買主　　税負担は　　売主
　　　日割り計算

建物を新築する

すでに土地を購入済みの人は、その土地の上に新築一戸建てを建てることになるでしょう。問題は建築コストです。

住宅ローンに追われたくないならローコスト住宅

マイホームを取得する際、多くの人が理想と考えるのは、新築で一戸建てを建てることではないでしょうか？ やはり、中古より新品、建売住宅より設計の自由度がある注文住宅の魅力は特別なものです。

予算が許すのなら "新築一戸建ての注文住宅" を第一候補に据えたいところです。昨今は数多くのハウスメーカーが参入していることで、予算の範囲内での選択肢は数限りなくあるといっても過言ではありません。

比較的安い価格で建築が可能な**ローコスト住宅**などは、坪単価30万円からの1,000万円以下で注文住宅を建築することが可能です。すでに土地を取得済みであることが前提となりますが、本体価格1,000万円のローコスト住宅で借入金を1,000万円したとしても、年間およそ100万円ずつ返済していけば、たったの10年で完済できます。

坪単価は都道府県によって違う!?

注文住宅は「**坪単価〇円**」という設定があり、予算の目安がつけやすいのが特徴です。しかしその金額は、業者によってまちまちです。坪単価の価格・相場は、どれくらいの金額なのでしょうか？

坪単価の相場は、国土交通省「**建築着工統計**」や住宅金融支援機構「**注文住宅の建設単価**（フラット35利用者調査）」などのデータから、ある程度知ることができます。見積を取る際に、参考になります。都道府県によって金額が違うのは、地域による建築資材の価格や人件費等の費用が異なるためです。

フラット35利用者調査から

　住宅金融支援機構は、フラット35を利用した人のデータを集計し、その動向を公表している。例えば、融資種別等「注文住宅」の集計表等をエクセル・データによって公開している。そのうち、2018年度集計表から一部を取り上げてみると、次のようになる。

地域別都道府県別主要指標

	件数	年齢 （歳）	家族 数 （人）	世帯の 年収 （万円）	住宅 面積 （㎡）	敷地 面積 （㎡）	建設費 （万円）	土地 取得費 （万円）
全国	11,792	42.7	3.7	592.8	126.8	312.7	3,390.4	4.7
三大都市圏	5,483	43.7	3.7	616.2	126.6	245.2	3,580.8	6.9
首都圏	2,777	44.4	3.8	641.7	125.3	226.4	3,687.8	6.0
近畿圏	1,289	43.7	3.7	583.8	127.5	236.3	3,489.5	14.8
東海圏	1,417	42.4	3.6	595.8	128.1	290.3	3,454.3	1.5
その他地域	6,309	41.8	3.7	572.4	127.0	371.3	3,224.9	2.8
北海道	273	44.3	3.7	656.8	133.2	395.3	3,278.1	0.0
宮城県	242	47.3	3.9	610.2	137.1	417.0	3,371.5	0.0
埼玉県	752	42.7	3.7	598.6	126.3	278.6	3,467.4	3.5
千葉県	537	43.6	3.7	632.4	127.6	295.1	3,536.4	10.0
東京都	796	45.6	3.9	706.6	123.3	169.2	3,970.9	8.0
神奈川県	692	45.3	3.9	621.2	125.0	182.2	3,718.9	3.3
新潟県	231	40.3	3.9	587.4	136.9	347.4	3,367.7	0.0
愛知県	629	42.5	3.7	618.2	129.1	255.2	3,538.3	0.0
京都府	109	46.8	3.9	580.7	129.8	234.2	3,543.5	20.5
大阪府	417	45.5	3.8	590.6	127.8	173.7	3,606.3	19.2
兵庫県	424	41.5	3.6	582.5	127.0	256.2	3,463.6	9.8
岡山県	270	40.1	3.5	549.2	123.3	322.3	3,304.5	0.0
広島県	289	39.1	3.6	591.3	125.8	258.9	3,334.3	0.0
福岡県	556	42.5	3.9	572.9	129.4	311.5	3,404.1	2.4

出典：地域別都道府県別主要指標（土地費借入なし）より一部抜粋

第2章　マイホーム購入の進め方

12 建売住宅を買う

気に入った物件があれば、すぐに契約して入居できるのが建売住宅のいいところです。

建売住宅＝完成物件の販売

建売住宅とは、かつては完成物件の販売を意味しました。完成物件、すなわち「建てたモノを売る」から **"建売"** というわけであり、この呼び方は世の中に定着しています。

最近は、販売方法が多様化しており、例えば「建てる前から売る」「プランの変更ができる」など、建売というのとはちょっと違った販売方法もあるようです。とはいえ、日本の不動産市場において、建売住宅は非常に多い住宅供給の形態であり、建売住宅が初めてのマイホームになる人は依然として多いといえます。

建売住宅を購入するメリット

建売住宅（分譲住宅）のイメージは、住宅供給会社がある程度まとまった土地を分譲地として、そこに似たような間取りの家を何軒か建築して、売り出しているというものでしょう。新聞の折り込み広告等に「1号棟、2号棟、3号棟……」と**全体区画図**が記載され、売れた物件には「ご成約」の文字がある、そんなイメージです。

建売住宅（分譲住宅）を購入するメリットは、注文住宅より安価であること、契約から入居するまでの期間が短いことの2つに集約されます。

同じような建物を建築した場合、ハウスメーカー等がまとめて資材を購入する建売住宅（分譲住宅）の方が、注文住宅よりも費用が抑えられます。また、建売住宅（分譲住宅）はすでに完成している住宅ですから、即購入・入居ができます。

■全国区画図 どの物件が狙い目？

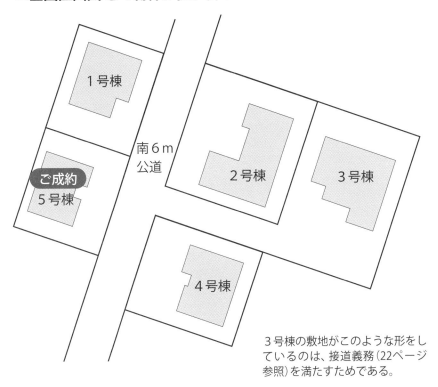

3号棟の敷地がこのような形をしているのは、接道義務（22ページ参照）を満たすためである。

■建築条件付き土地

　建築条件付き土地とは、文字通り「建築条件が付いた土地」を指す。具体的には「一定期間内に、指定した建築会社で家を建てる」という条件が付された土地のことである。"建て売り" に対して "売り建て" と呼べるような形態。

家を建てるなら
凸凹建設で！

建築条件付き土地は、建売住宅の一種。建築会社は指定されてしまうが、その分、土地が割安になるメリットもある。

13

中古住宅を買う

価格の安さに飛びついて中古住宅を購入してみたら、いろいろと不具合が見つかった。売主にクレームをつけたいが…。

担保責任って何？

　ちょっと法律的な話で難しくなりますが、**瑕疵担保責任**について説明します。瑕疵とは通常、一般的には備わっているにもかかわらず、本来あるべき機能・品質・性能・状態が備わっていないこと。担保責任とは、売買などの有償契約において、給付した目的物または権利が契約の内容に適合しない場合は、契約の一方当事者が負担する責任をいいます。

　宅地建物の売買契約においては、権利や目的物に瑕疵がある場合に、契約の一方当事者である売主が負う責任を**売主の担保責任**といいます。

　瑕疵とは、簡単に言えば"キズ（傷）"のことであり、欠点、欠陥、不足、不具合とほぼ同じ意味です。中古住宅の瑕疵としては、経年劣化による雨漏りやシロアリ被害、土壌汚染、家の傾きといったようなものが考えられます。

民法改正で契約不適合責任が新たに登場

　2020（令和2）年4月1日より民法が大改正され、瑕疵担保責任は廃止され、**契約不適合責任**という概念が条文化されました（民法第562条など）。要するに、契約不適合責任とは、売主が売却した目的物が契約内容に適合しているか？　契約したモノと違うものを売った場合は契約不適合責任を問われ、損害賠償の請求や代金減額の請求をされることがあります。

　もしもの時のために、中古住宅の購入するときは、売却物件の内容が契約書にどう書かれているか、徹底的に確認することが必要です。

■契約不適合責任 - 買主が請求できる権利

1 追完請求（ついかん）

何とかしてよ

2 代金減額請求

代金を下げて
ほしい!

3 契約解除

キャンセルするから!

4 損害賠償請求

損害を賠償してね

追完請求とは？

追完請求とは、引き渡された売買の目的物について補修、代替物の
引き渡しまたは不足分の引き渡しを請求することをいう。

買主は不適合を知った時から
1年以内に、売主にその不適
合を通知することが必要。

■任意規定とは？

　契約不適合責任は任意規定である。任意規定とは、契約当事者が合意
すればその特約は有効である。任意規定であることを生かして、売主が
責任を負いたくない部分について、例えば「○○に関しては、契約不適
合責任を負わない」という条項を設けて、契約書に記載することもある。

14

クーリング・オフ制度

宅地建物の売買については、クーリング・オフの規定が宅建業法に定められています。

クーリング・オフ制度とは？

契約は、2つの意思表示の合致があって成立します。例えば、AとBの2人が売買契約を行う場合は、A（売主）の「売ります」という意思表示とB（買主）の「買います」という意思表示が合致することによって、売買契約の成立となるわけです。

そして通常、いったん成立した契約は、一方的に解除することはできません。売買契約が成立したにもかかわらず「やっぱり要らない」とはいえないのが原則なのですが、**クーリング・オフ**という無条件で契約が解除できる制度があります。クーリング・オフとは、特定商取引法という法律に定められている規定で、訪問販売や電話勧誘販売、マルチ商法などの取引で締結した契約は解除できるというものです。

事務所等で契約したらクリーング・オフできない

家の売買など、宅建の取引にもクーリング・オフ制度が適用されます。宅建業者と売買契約を締結した場合でも、一定の条件に当てはまる場合は、一方的に買主は契約の解除をすることができます。70ページで触れた**手付放棄**の解除とは違い、クーリング・オフによる解除は手付金が返金されます。また、契約解除による違約金や損害賠償も請求されません。

ただし "一定の条件" に当てはまることが必要です。一定の条件とは、すなわち、宅建業者の事務所等以外の場所で契約した場合は、クーリング・オフできます。宅建業者の事務所や買主の自宅で契約した場合は、クーリング・オフできませんので、注意しましょう。

■クーリング・オフ制度

契約成立しても

宅建業者 ← 解除（キャンセル）できる ← 買主

契約解除します

■事務所等

事務所等とは、次の①〜⑥の場所が該当する。②〜⑤は専任の宅地建物取引士の設置義務がある場所に限られる。

①売主である宅建業者の事務所

②売主である宅建業者から媒介・代理を依頼された他の宅建業者の事務所

③継続的に業務を行うことができる事務所

④売買契約に関する説明をした後、その宅地・建物に関する展示会等の場所　※ただし、土地に定着するものに限る

⑤一団の宅地・建物の分譲を行うための案内所（モデルルーム等）
　※ただし、土地に定着するものに限る

⑥買主から申し出た場合、買主の自宅や勤務先

つまり、上記①〜⑥に該当する場所で契約をしたケースでは、クーリング・オフはできない。

クーリング・オフには場所的要件がある。自分から「会社で契約するから説明して」と申し出て、勤務先に宅建業者を呼んだ場合は場所的要件を満たさない。

■テント張りの案内所

分譲地等でよく見掛けるテント
張りの案内所は、土地に定着し
ていないので、クーリング・オ
フできる場所である。

■時間的要件

8日の数え方

告知された当日を算入して数える。

S	M	T	W	T	F	S
	1	2	3	4	5	6
7	8	9	10	11	12	13
14	15	16	17	18	19	20
21	22	23	24	25	26	27
28	29	30	31			

宅建業者から書面でクーリン
グ・オフについて説明をされた
日から8日を経過すると、クー
リング・オフできなくなる。

注意 宅建業者にクーリング・オフの告知義務はないため、クーリン
グ・オフの説明があるとは限らない。

> 買主が、物件の引き渡しを受け、かつ代金の全額を支払ったとき
> ↓
> クーリング・オフできない

■クーリング・オフの方法

クーリング・オフは、書面で行う。そして、効力は、買主が書面を発
した時（郵便を出した時）に発生する。

■クーリング・オフの効果

　宅建業法第37条の2（事務所等以外の場所においてした買受けの申込みの撤回等）からは、次のようなことが読み取れる。

・宅建業者は、クーリング・オフに伴う損害賠償または違約金の支払を請求することができない。
・クーリング・オフが行われた場合においては、宅建業者は、申込者等に対し、速やかに、買受けの申込みまたは売買契約の締結に際し受領した手付金その他の金銭を返還しなければならない。
・クーリング・オフの規定に反する特約で申込者等に不利なものは、無効とする。

　クーリング・オフは、不動産取引のプロである宅建業者から買主等の消費者を守るための制度である。不動産取引に精通していない一般消費者は二重三重に保護されるべき存在なのである。

> **参考**
>
> 宅建業者同士の売買契約はクーリング・オフできない。
>
> 契約書
>
> 　
>
> 買主　　　　　　　　　　　　　　　　　　　売主
> 宅建業者　　　　　　　　　　　　　　　　　宅建業者
>
> ## クーリング・オフできない！
>
> お互いにプロである宅建業者同士の取引は、保護する必要がない。

【コラム】
マンションの修繕積立金

●修繕積立金は何のため？

　住宅ローンの支払いに加えて、マンションの所有者は毎月、管理費や修繕積立金を支払います。管理費は共用部分の日常の管理費（清掃や保守点検、ゴミ処理費など）に使われます。一方の修繕積立金は何に使われるかというと、将来の大規模修繕などに使われます。共用部分のペンキ塗替え、外壁の改修工事、屋上の防水処理、給排水管の取り換え工事などが主な使途です。

　では、あなたは自分のマンションの修繕積立金がいくらあるか知っていますか？修繕積立金がいつどのように使用される計画なのか考えてみたことがありますか？このような問いかけに即答できる人は意外に少ないと思われます。

　修繕積立金は、管理組合または分譲時に分譲会社が作成する「長期修繕計画」に基づき修繕積立金を徴収しており、修繕の実施や積立金の運営・管理はマンションの管理組合が行うはずです。この管理状況がうまくいっていればマンションの資産価値も上がります。

●修繕積立金の積立て不足問題

　大規模改修のための修繕積立金ですが、そのマンションを売却することなく一生自分が住み続けるとした場合、30代の人と80代の人の10年先、20年先はまったく違う将来ビジョンがあります。

　80代の人がこの先の20年のために大規模修繕を行うといわれたら、その大規模修繕は自分のために必要と考えるでしょうか。そして、そのために高額な修繕積立金を支払う気になるでしょうか。当然、大きな負担を強いることには反対意見が出るでしょう。また昨今では、修繕積立金の積立て不足も取りざたされています。いずれにせよ、自分の住むマンションの管理組合の集まりに参加して、修繕積立金の積立て状況やその使途に関心を持つことが大事です。

第3章

失敗しない
資金計画

資金計画の立て方

家は高額な買い物です。しっかりとした資金計画がなければ、生活が破たんしてしまうこともあり得ます。

自己資金と借入金、親からの援助でいくら？

家に限ったことではありませんが、モノやサービスを買う場合は、予算という制約があります。まずは、自分が「買える金額」をきちんと把握することが大事です。

より具体的には、自己資金＋借入金（住宅ローン）の合計額が「**買える金額**」となります。親から住宅資金の贈与がある人は、その分だけ「買える金額」がアップします。詳しくは160ページで説明しますが、2020（令和2）年4月1日から2021（令和3）年3月31日は1,500万円（省エネ住宅の場合）、2021（令和3）年4月1日から2021（令和3）年12月31日は1,200万円（省エネ住宅の場合）まで、住宅取得資金の贈与は非課税です。

見落としがちな諸費用の負担

運良く予算の範囲内で気に入った物件が見つかって、「買える金額」をすべて物件の購入代金に充ててしまったのでは、その後の生活に支障をきたすことになりかねません。

住宅購入後に経済的な困窮に陥ってしまう人の多くは「買える金額」に諸費用を見込んでいなったことが原因です。**固定資産税、団体信用生命保険料、火災保険料**（地震保険料）など、税金と経費が結構掛かります。一般的に、物件価格の5〜8％が諸費用の目安とされますが、諸費用の中には、1回払って終わりのものもあれば、住宅ローンを完済するまで、あるいは土地・建物を所有している限り支払いが続くものもあります。これから家を持とうという人は、コストの意識を高める必要があります。

■ざっくりと「買える金額」を試算してみる

自己資金（貯金）はいくらある？

Ⓐ _____ 円

住宅ローンはいくら借りられる（返せる）？

Ⓑ _____ 円

参考　　現在の毎月の家賃と貯金額は？

家賃 _____ 円 ＋ 貯金 _____ 円 → 合計 _____ 円

今、何歳? _____ 歳

60歳までに住宅ローンを完済するとしたら

無理のない毎月の返済額　　　　現在の年齢

_____ 円 ×（60 － _____ ）＝ Ⓑの金額 _____ 円

親からの資金援助はある？ (160ページ参照)

Ⓒ _____ 円

Ⓐ＋Ⓑ＋Ⓒの合計 [_____ 円] ……Ⓓ

諸費用の概算

Ⓓの金額 _____ 円 × 5〜8％ ＝ _____ 円 ……Ⓔ

Ⓓの金額 _____ 円 － Ⓔの金額 _____ 円

▼

[_____ 円]

これがあなたの買える（返せる）金額!

02 住宅ローンの選び方

固定金利型と変動金利型、2つの住宅ローンの違いとメリット・デメリットを検証します。

固定金利型と変動金利型

　何百万円、何千万円もするマイホームを購入する際に、手持ちのキャッシュで支払える人はそうそういませんから、大多数の人は**住宅ローン**を利用することになります。

　住宅ローンを貸付金利の点で分類すると、**固定金利型**と**変動金利型**の2つに大きく分けることができます。それぞれ、金利が固定されるタイプ、金利が変動するタイプの住宅ローンとなります。また、固定金利型は、全期間固定型と期間選択型に分けられます。

それぞれのメリット・デメリット

　住宅ローンといっても、要は借金をしている状態と変わりありません。全期間の固定金利型であれば、借入時に設定した金利が返済を終えるまでずっと続くため、返済総額がわかります。返済総額が確定することで、「月々○万円ずつ返済していけば、○年で完済できる」と、返済計画が立てやすいのが固定金利型のメリットといえます。

　これに対して、金利が変動する変動金利型は、金利の変動によって返済総額が大きく変わる可能性があります。トータルの返済額がいくらになるのか見えづらいのが変動金利型のデメリットです。

　それでも住宅ローン利用者の中で、変動金利型に人気が集中しています。その理由は簡単で、金利が一番低いのが変動金利型だからです。なお一般的に、金利の見直しは半年ごとに行われます。変動金利といっても、金利がコロコロ変わるわけではありません。

■固定金利型と変動金利型

●固定金利（全期間固定型）

借入時の金利が全期間を通じて固定される。

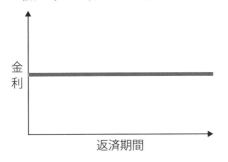

毎月の返済額が一定となり、
返済総額が把握しやすい。

●固定金利（期間選択型）

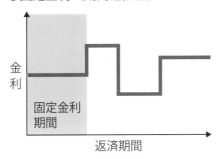

10年、15年など、当初の一定
期間の金利が固定となる。
固定金利期間が終了すると、
通常、変動金利に移行する。

●変動金利型

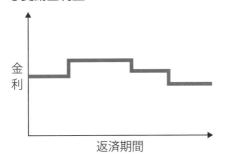

金融情勢の変化に伴って金
利が変動する（半年ごとに金
利の見直しが行われる）。

第3章 失敗しない資金計画

【参考】

適用金利（三菱UFJ銀行・プレミアム住宅ローンの例）

	固定3年	固定10年	固定20年
適用金利	0.44%	0.74%	1.14%

（2021年2月適用金利）

■住宅ローン利用者が利用した金利タイプ

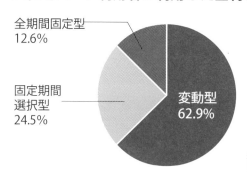

全期間固定型
12.6%

固定期間
選択型
24.5%

変動型
62.9%

およそ6割が
変動型を
利用している！

独立行政法人住宅金融支援機構国際・調査部資料
（2020年11月調査）より作成

■固定期間選択型（当初の金利固定期間）

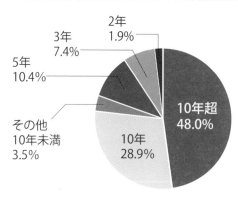

2年
1.9%

3年
7.4%

5年
10.4%

その他
10年未満
3.5%

10年超
48.0%

10年
28.9%

10年と10年超で
およそ8割

独立行政法人住宅金融支援機構国際・調査部資料
（2020年11月調査）より作成

■元利均等返済と元金均等返済

●元利均等返済

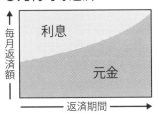

毎月の返済額が一定となる
返済方法

●元金均等返済

毎月の返済額のうち、元金の
額が一定となる返済方法

■変動金利型の5年ルールと125%ルール

　住宅ローンの適用金利は半年ごとに見直されるが、返済額は5年ごとの見直しとなる。また、どんなに金利が上昇しても、返済額は従来の125%が上限となる。

> 5年ルール
> ・5年間は毎月の返済額は変わらない
> 　ただし、5年目に返済額の見直しが行われる。
> 125%ルール
> ・返済額の上限は前回返済額の1.25倍以内

●5年ルールと125%ルールの落とし穴

利息の返済が優先されて、元金がなかなか減らない。

5年ルールと125%ルールがある場合（元利均等返済の例）

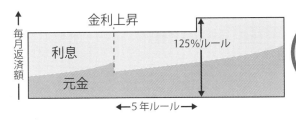

途中で金利の
上昇があると、
元金がなかなか
減らない！

03 住宅ローン①
フラット35

住宅ローンを選ぶ際、第一候補として考えたいのがフラット35です。ここではフラット35の概要を紹介します。

長期固定金利住宅ローン【フラット35】

フラット35とは、**住宅金融支援機構**と民間金融機関が提携して提供する最長35年借入れできる住宅ローンです。

住宅金融支援機構とは、旧住宅金融公庫の業務を継承した独立行政法人であり、正式名称は「独立行政法人住宅金融支援機構」といい、2007年4月1日に発足しました。住宅金融公庫の時代は、住宅ローンを直接融資していたのですが、住宅金融支援機構になってからは、民間金融機関が長期固定金利の住宅ローンを提供できるように、資金の融通を"支援する"という役割を担っています。

フラット35の特徴は、**全期間固定金利**であることで、ローンを完済するまでの借入金利と返済額が確定します。変動金利と違い、ずっと固定金利である安心感があり、返済計画を立てやすいといえます。

固定金利だからフラット

これから住宅ローンを組んで住宅の購入をする場合、フラット35を第一候補と考えるべきでしょう。全期間固定金利に加えて、保証人が必要ない、**繰上げ返済**（110ページ参照）を行うときの手数料が掛からないなど、フラット35のメリットは多くあります。

質の高い住宅取得を支援する【**フラット35**】Sという制度もあります。これは省エネルギー性、耐震性などに優れた住宅を購入する場合に、当初一定期間の金利が引き下げられる制度です。当初5年間、もしくは当初10年間の金利を引き下げる金融機関が多いようです。

■最長35年、ずっと固定金利の安心

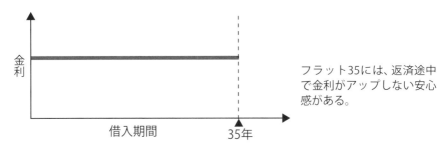

フラット35には、返済途中で金利がアップしない安心感がある。

■フラット35の仕組み

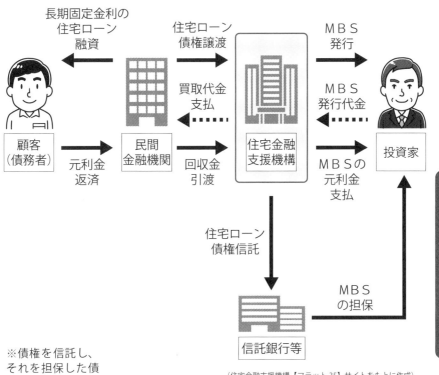

※債権を信託し、それを担保した債券をMBSという。

（住宅金融支援機構【フラット35】サイトをもとに作成）

■フラット35の概要

●申込要件

> ・申込時の年齢が満70歳未満の人
>
> ※親子リレー返済を利用する場合は、満70歳以上でも申込可
>
> ・日本国籍の人、永住許可を受けている人、または特別永住者

借入れに関して、年収に占める年間合計返済額の割合（＝総返済負担率）が、下表の基準を満たす人

年収：400万円未満
基準：30％以下

年収：400万円以上
基準：35％以下

●資金使途

申込み本人またはその親族が住む新築住宅の建設・購入資金または中古住宅の購入資金

●借入対象となる住宅

一戸建て、連続建ておよび重ね建ての場合
70㎡以上

共同建て
（マンションなど）の場合
30㎡以上

●借入額

100万円以上8,000万円（1万円単位）以下で、建設費または購入価額以内。

●借入期間

15年（申込み本人または連帯債務者が満60歳以上の場合は10年）以上

で、かつ、次のaまたはbのいずれか短い年数（1年単位）が上限。

> a. 80歳 − 申込時の年齢（1年未満切上げ）
> b. 35年

●返済方法

> ・元利均等毎月払い
> ・元金均等毎月払い
> どちらかを選択。また、6カ月ごとのボーナス払いの併用も可。

●担保

借入対象となる住宅およびその敷地に、住宅金融支援機構を抵当権者とする第1順位の抵当権が設定される。

【フラット35】金利情報 （2021年2月現在）

返済期間	15〜20年	21〜35年
金利の範囲	年1.230%〜年2.080%	年1.320%〜年2.170%
最頻金利	年1.230%	年1.320%

■フラット35S
●フラット35Sの対象となる4分野の住宅性能

省エネルギー性に
優れた住宅

バリアフリー性に
優れた住宅

耐震性に
優れた住宅

耐久性・可変性に
優れた住宅

04 住宅ローン②　銀行ローン

民間金融機関の住宅ローンの多くは変動金利型です。でも、低い金利が魅力的だといえます。

地方在住者は地元の地銀の金利をチェック

　前項では**フラット35**を取り上げましたが、住宅ローンの選択肢としては、民間金融機関の住宅ローンもあります。ここでいう民間金融機関は銀行に限らず、信用金庫、信用組合、ＪＡ（農業協同組合）などが含まれます。

　都市部では、いわゆるメガバンクや信託銀行が身近にあります。大手金融機関だけあって、金利タイプの種類が多いのが特徴で、実にさまざまな商品がラインアップされています。地方在住の人は、地元の金融機関の金利やサービスのチェックから始めましょう。大手銀行（メガバンク）との金利を比較して、有利な方を選ぶのが鉄則です。

ネット銀行という選択

　リアル店舗を持たずに、ネットのみで営業する**ネット銀行**は、インターネット通販の決済などの利用で、今やすっかり私たちの生活に溶け込んでいます。最近は、ネット銀行でも住宅ローンを提供しているところが多くあります。ネット銀行の住宅ローンのメリットは何かといったら、率直に言って金利です。

　例えば、住信ＳＢＩネット銀行0.410％～（変動、2021年1月適用金利）。かつての都市銀行である大手銀行の金利よりも、ネット銀行の住宅ローン金利はさらに低金利になっています。ネット・メール・電話・郵送で手続きできる"来店不要"によるコスト減が低金利を可能としているようです。

■ネット銀行（住信SBIネット銀行の例）

適用金利	変動	0.410%〜	※2021年2月適用金利
	当初固定10年	0.580%〜	※2021年2月適用金利
	当初固定20年	1.210%〜	※2021年2月適用金利
	全期間固定35年	1.460%〜	※2021年2月適用金利
	フラット35	0.970%〜	※2021年2月適用金利、 自己資金10%以上、団信加入

■ JAの住宅ローン

住宅ローン概要〈融資条件例〉

使いみち	住宅の新築・購入、宅地の購入、住宅の増改築、他金融機関からの借換え
利用できる人	借入時年齢：20歳以上66歳未満 最終償還時年齢：80歳未満 前年度税込年収：200万円以上 勤続年数：3年以上
融資金額	10万円以上 5,000万円以内
融資期間	3年以上 35年以内
返済方法	元利均等返済または元金均等返済（どちらもボーナス併用返済可）
担保	融資対象物件に対して、原則として第1順位の抵当権を設定登記。
保証	各JA所定の保証機関の保証を受ける。
融資金利	固定変動選択型、変動金利型、固定金利型の中からいずれかを選択する。

※上記の融資条件例は各JAによって異なる場合がある。詳しくは近くのJA窓口に問い合わせること。

JAの住宅ローンを
利用するには
組合員になる必要がある

ローンが利用できる

JA ← 出資 → 准組合員 普通の会社員

農業従事者以外の人は、出資をすることで准組合員になる。

■銀行ローン

●りそな銀行の例

2021年2月の金利	
全期間型変動金利	年 0.470%～
当初型 10 年固定金利	年 0.595%～
当初型 20 年固定金利	年 0.945%～

新規借入れまでの流れ

STEP1　事前審査

↓

STEP2　正式審査

↓

STEP3　契約手続き

↓

STEP4　借入れ

・**事前審査での必要書類**

　①住宅ローン借入申込書

　②本人確認資料（運転免許証及び健康保険証）

　③収入に関する書類

　　給与所得者の場合…源泉徴収票（前年分）

　　個人事業主の場合…確定申告書（写）・同付表（３年分）

　④物件の確認資料

◎事前審査・正式申込とも必要　○正式申込時に必要

物件の確認資料	土地・建物購入		新築増改築	マンション購入	
	新築	中古		新築	中古
売買契約書（写）	○	○		○	○
重要事項説明書（写）	○	○		○	○
パンフレット・チラシ・販売図面、物件概要書、価格表などの写し ※事前審査はチラシで可	◎	◎		◎	◎
工事請負契約書（写） ※増改築の場合には見積書で代用できる場合あり			◎		
建築確認済証（写）	○	○	◎		
建物図面		○			
間取図・配置図（写） ※方角のあるもの ※間取図・配置図はパンフレット・チラシ・販売図画で代用できる場合は不要	◎	○	◎ 事前審査は間取図		
検査済証（写）	○		○		
土地登記事項証明書 （発行後3カ月以内のもの） ※マンションで敷地権化されている場合は不要	◎	◎	◎		○
建物登記事項証明書 （発行後3カ月以内のもの）	○	◎	◎	○	◎
土地の公図 （発行後3カ月以内のもの） 実測図、住宅地図 ※事前審査は公図の写	◎	◎	◎		

※申込みの内容または購入（建築）物件の内容により、上記以外の書類が必要となる場合もある。

頭金はいくら必要か？

頭金はいくら必要なのでしょうか。また、頭金なしでの住宅ローンの借入れはリスクが大きい？

頭金は住宅価格の2割は妥当か？

　頭金は多ければ多いほど、ローンの借入額が少なくて済むわけですが、今後の生活を考えると、預貯金をすべて取り崩してしまうわけにもいかず、頭金として妥当な額はどれくらいなのでしょうか。

　かつては、銀行等の金融機関で住宅ローンの借りられる額を"住宅価格の8割まで"としているところが多かったため、いつしか「頭金は2割」というのが常識となっていました。

　現在のような低金利だと、借りられるだけ借りようと考える人もいるかもしれませんが、100％のフルローンはいろんな意味で危険過ぎます。そもそも頭金も貯められない人がローンを返していけるのでしょうか？「頭金は2割」は、まだ金利が高く、返済の負担が重かった時代の感覚だったとしても、依然として指標とすべき数字です。

生活予備費から出せる頭金を算出する

　一般に、病気やケガ、失業など、万一の事態のときの備えとして、手元に残しておきたい現ナマの現金は、会社員の場合であれば、通常の生活費の3～6カ月分といわれます。

　現時点での預貯金の額から生活予備費を差し引くことで、頭金として出せる金額の目安を付けることが可能です。「頭金：住宅ローン＝2：8」の割合で計算すれば、住宅購入に必要な総金額も算出できます。この金額が欲しい物件の価格に達しないうちは、まだまだ頭金の蓄えが不十分と言えそうです。

■みんなどれくらい頭金を用意している？

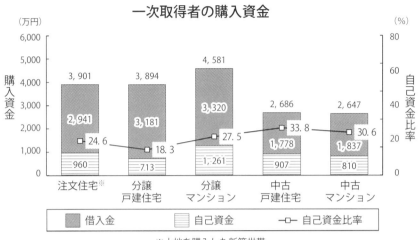

一次取得者の購入資金

（万円）
（％）

購入資金 / 自己資金比率

- 注文住宅※ 3,901 / 2,941 / 960 / 24.6
- 分譲戸建住宅 3,894 / 3,181 / 713 / 18.3
- 分譲マンション 4,581 / 3,320 / 1,261 / 27.5
- 中古戸建住宅 2,686 / 1,778 / 907 / 33.8
- 中古マンション 2,647 / 1,837 / 810 / 30.6

■ 借入金　▥ 自己資金　□ 自己資金比率

※土地を購入した新築世帯
出典元：平成30年度住宅市場動向調査（国土交通省 住宅局）

●頭金は2割が今でも多数派

　分譲戸建住宅、つまり建売住宅を購入した人の平均購入金額は3,894万円で、住宅ローン3,181万円、自己資金（頭金）は713万円となっており、自己資金の割合は18.3％である。やはり、購入金額の2割は世間相場と言えそうである。

●中古住宅なら頭金を3割用意したい

　中古戸建住宅の平均購入資金は2,686万円で、そのうち自己資金（頭金）は907万円。頭金の割合は33.8％である。中古マンションでは、頭金の割合が30.6％とやや高め。中古物件の購入を考えている人は、「頭金は3割」が一つの目安となる。

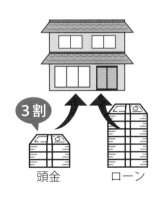

3割

頭金　　　ローン

06

35年ローンは避けるべきか？

住宅ローンを借入れできる期間は、最長で何年？　あまりに長いローンはできれば避けたいところです。

住宅ローンは最長で何年借りられる？

住宅を取得する人の年齢は、千差万別です。20代の若さでマイホームを手に入れる人もいれば、30代40代になってからという人もいます。「買える時」は個々人の事情によって異なります。

ところで、住宅ローンの借入期間は、最長で何年なのかご存じですか？フラット35の最長借入期間は35年、民間ローンでも35年が最長となっているものがほとんどです。

35年ローンは現実的ではない

借入れできる**最長期間35年**で住宅ローンを組んだ場合、会社員の定年である60歳から逆算すると25歳です。男性の平均初婚年齢が31.2歳（2019年厚生労働省統計情報部「人口動態統計」）ですから、25歳での住宅購入は現実的ではないでしょう。今後、65歳定年が法制化されて、30歳から35年ローンを組んだとしても、それほど大きな違いはないように思われます。それに、定年ギリギリの年齢までローンの返済に追われるのはいかがなものか？

前項で、頭金は購入金額の2割を用意すべきであると言いました。仮に3,000万円の物件を購入するとしたら、その2割は600万円。生活予備費を200万円と想定すると、合計800万円は必要です。これだけの金額を貯められるのは、自分が何歳の時点でしょうか。

またまた世間相場を持ち出すようですが、分譲戸建住宅を購入した世帯主の平均年齢は39.7歳となっています。これが世間並みです。

■みんな何歳で家を買った？

世帯主の年齢

平均年齢

						平均年齢
注文住宅	10.4	38.6	21.6	11.2	18.0	44.1歳
注文住宅（新築）	11.6	43.7	23.1	10.4	10.9	41.4歳
注文住宅（建て替え）	6.9	11.9	15.8	63.4		61.3歳
分譲戸建住宅	9.7	51.7	22.2	9.1		39.7歳
分譲マンション	5.3	49.5	22.3	10.6	12.2	42.7歳
中古戸建住宅	5.2	30.0	29.7	17.2	15.5	46.2歳
中古マンション	6.2	29.1	30.9	16.0	16.9	46.0歳
民間賃貸住宅	31.3	28.2	18.2	9.9	11.7	39.1歳
リフォーム住宅	6.3	15.4	24.7	50.9		59.4歳

(%)

凡例：▤30歳未満 ▨30歳代 ▥40歳代 ⦂50歳代 ■60歳以上 □無回答

出典元：平成30年度住宅市場動向調査（国土交通省 住宅局）

●建売住宅の購入者のコアはアラフォー

分譲戸建住宅を購入した世帯主の平均年齢は39.7歳。中古戸建住宅は46.2歳、中古マンションは46.0歳と、中古物件は年齢が少し高めとなっている。

■返済期間の平均値

分譲戸建住宅の返済期間の平均値は33.3年。平均3,181万円の住宅ローンを完済するには、これだけの時間が掛かる。

返済期間

(年)

注文住宅（建築）※1	31.6
注文住宅（土地）※2	33.7
分譲戸建住宅	33.3
分譲マンション	33.7
中古戸建住宅	27.3
中古マンション	28.5

0　　10　　20　　30　　40

※1 住宅建築における借入金の返済期間　※2 土地購入における借入金の返済期間

出典元：平成30年度住宅市場動向調査（国土交通省 住宅局）

07

団体信用生命保険

**住宅ローンを返済している途中でもしもの事態が発生したら……。
まだ返済が済んでいないローンの残高はどうなるのでしょう？**

万が一のときのための団体信用生命保険

　ほとんどの人は、住宅を購入するときに住宅ローンを利用します。そして、住宅ローン借入れの条件として、加入するのが**団体信用生命保険**です。略して、団信（だんしん）などと呼んだりします。

　団体信用生命保険は、住宅ローンの契約者がローンの返済途中で死亡したり、所定の高度障害状態になってしまったときに、ローンの残高を保険会社が肩代わりしてくれる住宅ローン専用の保険をいいます。万一の事が起こった場合に、残された家族がローンの返済で経済的に困窮しないようにするための保険が団体信用生命保険なのです。

契約者は銀行

　住宅ローンは借入れ金額が大きく、完済するまでに10年以上の長期間を要するため、団体信用生命保険のような保険が必要です。

　一般的に、住宅ローンの借入れと同時に、団体信用生命保険に加入します。金融機関によっては、保険料をローン金利に上乗せさせる形式で負担を求めるところもあります。その場合、住宅ローンを返済している者には「保険料」を"払っている感"がありません。

　もっとも、団体信用生命保険には、銀行等の金融機関が契約者となり、加入しています。その上で、住宅ローン契約者が死亡・高度障害状態になった場合に、保険会社から銀行等の金融機関にローン残高相当額の保険金が支払われる仕組みです。死亡しても遺族に保険金が支払われるわけではありませんので、念のため。

■団体信用生命保険の仕組み

住宅ローン残高が0円になる!

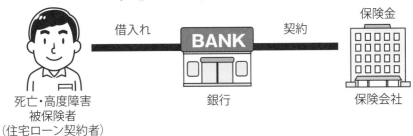

死亡・高度障害
被保険者
(住宅ローン契約者)

借入れ

銀行

契約

保険金

保険会社

つまり、こういう仕組み

債務者

借入れた人

住宅ローン契約者
(被保険者)

債権者

銀行

保険契約者
(保険金受取人)

【参考】

りそな銀行が提供する団信 (2021年1月現在)

種類	費用	備考
一般団信	無料	りそな銀行が負担
ワイド団信	借入れ金利に年0.3%上乗せ	健康上の理由で、通常の団信に加入できなかった人でも加入できる場合がある
3大疾病保障特約	借入れ金利に年0.25%上乗せ	通常の団信保障に加え、ガン、急性心筋梗塞、脳卒中の3大疾病を保障
団信革命	借入れ金利に年0.3%上乗せ	通常の団信保障に加え、3大疾病または病気・ケガの原因で所定の状態になったときも保障

08

火災保険と地震保険

火災保険といっても、保険会社が支払う保険金は、火事よりも自然災害の方が多いといいます。保険の掛け方を再考しましょう。

家を買ったら保険に入ろう

よく「天災は忘れた頃にやってくる」といわれます。この言葉は、災害直後の緊張感や心構えを忘れることを戒めることを意味し、物理学者で随筆家・俳人の寺田寅彦(1878 ～ 1935年)の警句であると伝えられます。

今年(2021年)で東日本大震災から10年が経過しましたが、**首都直下地震**は今後30年で70％の確率で起きると予測されています。私たちは地震多発国に住んでいることを忘れてはなりません。

もしもの場合は「命を守る」ことが第一ですが、せっかく手に入れた我が家の倒壊も心配です。被災したときに無保険では、当然のことながら何の補償もありません。

台風も怖い⁉ あなたの家の水害補償は？

近年は、台風による大雨や突風、浸水の被害が増えています。一昨年(2019年)の10月12日に日本に上陸した**台風19号**(令和元年東日本台風)は、関東地方や甲信地方、東北地方などに記録的な大雨を降らせ、河川の氾濫など甚大な被害をもたらしました。今後も地球温暖化の影響から大型化した台風に、日本列島が襲われることは十分考えられます。

内閣府の「水害に対する備えに関する世論調査」によると、「自宅建物もしくは家財を対象とした水害による損害を補償する火災保険や共済に加入している」と答えた人は、全体のおよそ3割だったそうです。地震や火災に比べ、水害に対する認識が足りないように思われる調査結果だといえます。

■首都直下地震

首都直下地震は、政府の地震調査委員会が「今後30年以内に70%の確率で起こる」と予測している。マグニチュード7程度の大地震になるといわれ、首都圏の住民にとって、目を背けてはいけない現実的な脅威である。

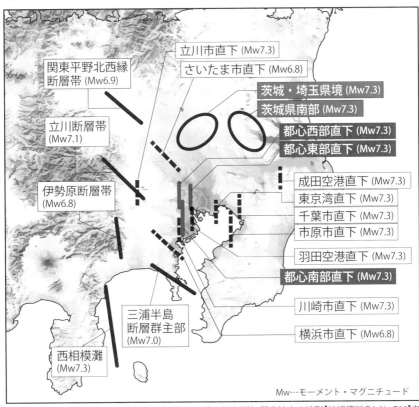

立川市直下 (Mw7.3)
さいたま市直下 (Mw6.8)
関東平野北西縁断層帯 (Mw6.9)
茨城・埼玉県境 (Mw7.3)
茨城県南部 (Mw7.3)
立川断層帯 (Mw7.1)
都心西部直下 (Mw7.3)
都心東部直下 (Mw7.3)
伊勢原断層帯 (Mw6.8)
成田空港直下 (Mw7.3)
東京湾直下 (Mw7.3)
千葉市直下 (Mw7.3)
市原市直下 (Mw7.3)
羽田空港直下 (Mw7.3)
都心南部直下 (Mw7.3)
三浦半島断層群主部 (Mw7.0)
川崎市直下 (Mw7.3)
横浜市直下 (Mw6.8)
西相模灘 (Mw7.3)

Mw…モーメント・マグニチュード

（首都直下地震想定パターン（中央防災会議）および国土地理院・関東地方の地形【技術資料D1-No.766】をもとに作成）

■地震保険

地震保険料控除の税制優遇がある地震保険は入っておきたい！

火災保険 ＋ 地震保険

地震保険は、単独では加入できない。火災保険とセットで加入する。地震保険に加入していないと、地震・噴火・津波を原因とする損壊・埋没・流失の損害、地震等による火災損害などについても保障の対象にならない。

■水害補償

水害による損害を補償する火災保険や共済への加入状況

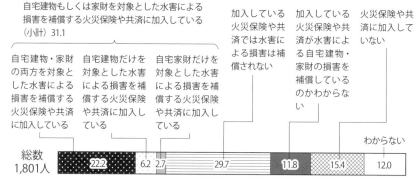

自宅建物もしくは家財を対象とした水害による損害を補償する火災保険や共済に加入している（小計）31.1

自宅建物・家財の両方を対象とした水害による損害を補償する火災保険や共済に加入している

自宅建物だけを対象とした水害による損害を補償する火災保険や共済に加入している

自宅家財だけを対象とした水害による損害を補償する火災保険や共済に加入している

加入している火災保険や共済では水害による損害は補償されない

加入している火災保険や共済が水害による自宅建物・家財の損害を補償しているのかわからない

火災保険や共済に加入していない

わからない

総数 1,801人　22.2　6.2　2.7　29.7　11.8　15.4　12.0

出典元：内閣府政府広報室「水害に対する備えに関する世論調査」の概要（平成28年1月）

河川のそばでないなら水害の付帯は不要か？

　火災保険・地震保険、いわゆる損害保険は、事故が起きなければ、基本的に掛け捨ての保険である。水災、盗難…といろいろと付帯を付けると、保険料がハネ上がるため、できれば安く済ませたいもの。

　住んでいる地域ごとに災害リスクは異なるので、やはりハザードマップなどで確認した上で、万が一のときの補償を付けるかどうか判断したい。2019（令和元）年の台風19号は、河川のそばでない大都市の駅周辺等でも水害のリスクがあること、洪水への備えの脆弱性を痛感させられた。

保険料の安いエコノミープランの火災保険には、水災は保障されないこともある!?

■火災保険（火災共済）

こくみん共済〈全労済〉の「住まいる共済」の例

住まいる共済の特徴

1. 地震や台風、降雪などの自然災害を幅広くカバー

2. 70%以上の焼破損割合で全焼損扱い

3. 家財保障だけでも加入できる

戸建て（持ち家）向けプランの例

	火災など	風水害など	地震など	盗難
ベースプラン	○	○	○	○
シンプルプラン	○	△	―	―

○: 保障される

△: ベースプランと比べて保障額が少なくなる。または保障の一部が対象外となる。

―: 保障されない。

●戸建ての掛け金例

例えば、火災共済（シンプルプラン）、木造戸建て〈持ち家〉の場合

世帯主：40歳

世帯人数：4人

延床面積：25坪（82㎡）

住宅の所在地：東京都

加入口数　住宅保障：200口　家財保障：200口

> 月々の掛け金
> 2,400円

最高保障額	
火災・落雷などの場合　4,000万円 ＋ 臨時費用共済金　200万円	台風・降雪などの場合　345万円

09 繰上げ返済のすすめ

> 住宅ローンといっても借金であることに変わりありません。できるだけ早く完済したいのなら、積極的に繰上げ返済をすることです。

繰上げ返済とは？

　毎月のローン返済とは別に、借入金の一部を返済することを**繰上げ返済**といいます。繰上げ返済した金額が元金の返済に充てられることで、支払う利息を軽減することができます。現在のような低金利下では、繰上げ返済をする必要がないという意見もあるようですが、借入れをしている以上は利息の支払いが発生します。ローンの返済期間中は、貯金もままなりません。できるだけ早期に借金（ローン）を返して、貯蓄をできるように、家計を黒字体質に変えるべきです。

期間短縮型と返済額軽減型

　繰上げ返済には、**期間短縮型**と**返済額軽減型**の２つがあります。それぞれどんな効果があるのか簡単に説明します。

　期間短縮型は、文字通り返済期間を短縮するというものです。毎月の返済額は変わらないものの、返済期間を短くできます。その結果、当初支払う予定だった期間の利息を払わなくて済みます。一方の返済額軽減型は、返済期間はそのままに、毎月の返済額を引き下げるタイプです。

　利息軽減効果は、返済額軽減型よりも期間短縮型の方が大きくなります。実際、繰上げ返済を行う人の多くが期間短縮型を選んでいます。102ページで35年ローンは現実的ではないという話をしましたが、35年ローンを組んでいる人も、期間短縮型の繰上げ返済をして、定年までに住宅ローンの完済を目指す人が多いです。やはり、1日も早くローンの返済から解放されたい、誰もが考えることは同じということでしょう。

■期間短縮型と返済額軽減型

期間短縮型

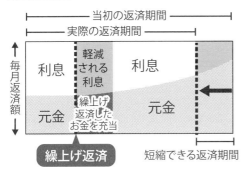

残りの返済期間が短くなる。毎月の返済額は変わらない。返済期間が短縮されることで、短縮された期間の利息が軽減される。繰上げ返済をする時期が早いほど、利息の軽減効果が高い。

返済額軽減型

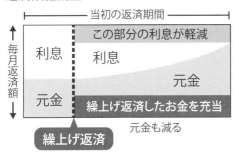

返済期間を変えずに、毎月の返済額を少なくする。とにかく毎月の返済額を減らしたい人におすすめ。

■繰上げ返済は早いほど効果が大きい

　利息軽減は、元金が大きい時期に繰上げ返済を行うほど大きくなる。つまり、借入れをしてからあまり時間が経っていないほど有利。早い段階で元金が小さくなれば利息が少なくなるので、考えてみればこれは当然のことである。

■住宅ローン控除との関係

　ローンを組んで住宅を購入すると、年末時点での住宅ローンの残高に応じて税金が戻ってくる「**住宅ローン控除 (減税)**」という制度がある (詳しくは118ページ参照)。住宅ローン控除のメリットを生かすには、年末よりも年始に繰上げ返済するのがよい。

住宅ローンは
必ず借りられるの？

住宅ローンを申込むには必ず審査を受ける必要があります。ここ
では、借入れを行う際の手続きや審査について解説します。

住宅ローンは金融機関によってさまざま

　住宅ローンといっても、その内容は金融機関によって異なります。実際に借入れとなったら、一番の関心事は金利だと思いますが、この金利も金融機関によって違います。同じ金融機関でも、住宅ローンの商品内容が異なれば金利も異なります。

　少しでも有利な条件で住宅ローンを組むためには情報収集が必須。情報収集の手段としては、銀行等の住宅ローンのパンフレットやインターネットなどいろいろとありますが、不動産業者が有益な情報を持っている場合もあるので、一度相談してみるのもよいでしょう。

　金融機関が決定したら、次は住宅ローンの申込み。通常、審査は①**仮審査**、②**本審査**の２段階で実施されます。なお、融資の可否の結果が出るまでに１週間から１カ月程度かかることが一般的です。万が一の場合に備えて、複数の金融機関に同時に審査をしてもらうことも可能です。

住宅ローンの審査基準

　金融機関が行う住宅ローンの審査とは、借入金の返済計画に無理がないかを審査します。審査基準は金融機関によって異なりますが、一般的には年収や不動産の担保価値、年齢、職業、勤続年数、健康状態などいくつかの要素を考慮して判断されます。年齢については、借入時の年齢を20歳以上80歳未満としている金融機関が多いようです。また健康状態については、団体信用生命保険（104ページ参照）への加入を条件としている金融機関もあります。

住宅ローンの審査に不利な事情

　住宅ローンの審査の際、不利に働く事情も存在します。収入などのほかの要素が問題ない場合であっても、不利な事情が一つ存在することで審査が通らない場合もあります。

　不利な要素としては、自己破産、債務整理、クレジットカードの支払遅滞、ほかのローンの借入れ、直近の転職、起業などが、例としてあげられます。自己破産や債務整理、複数回クレジットカードの支払いを遅滞した場合、信用情報機関にその旨が登録されてしまいます。俗にいう「**ブラックリスト**」というものです。

　自己破産や債務整理の場合には、少なくとも5年間はブラックリストに登録されるため、住宅ローンの借入れが困難になります。信用情報機関には、下記の3つが存在します。自己の信用情報については開示請求ができるため、心配な人は申込みの前に開示請求をしてみてもいいかもしれません。

　繰り返しになりますが、住宅ローンの審査基準は金融機関によって異なります。一箇所に断られた場合でも、ほかの金融機関で審査が通る可能性もあるため、すぐにあきらめる必要はありません。

【信用情報機関】

　ＣＩＣ：割賦販売法および貸金業法の両業法に基づく指定信用情報機関。

　ＪＩＣＣ（株式会社日本信用情報機構）：平成18年改正貸金業法で定められた『指定信用情報機関』に指定されている。

　ＫＳＣ（全国銀行個人信用情報センター）：全国銀行協会が運営する信用情報機関。

11 もしも住宅ローンが返せなくなったら

住宅ローンを返済することができなくなってしまった場合、どんなことが起きるのでしょうか？

住宅ローンを滞納した場合に起こること

住宅ローンの返済には長い年月がかかります。時の経過により、借入人を取り巻く状況も当然変化します。転職や勤務先の倒産、不景気によるボーナスカットなど、住宅ローンを組んだ当初の収入を維持することが困難になることもあり得ます。住宅ローンの返済が滞った場合、どうなるのか？　以下、一般的な流れを見てみましょう。

1. 金融機関から催告状・督促状が届く

２～３カ月以上住宅ローンを滞納した場合に送られてくる。

2. 金融機関から住宅ローンの一括払いが請求される

多くの金融機関では、住宅ローンの返済を**6回滞納**すると「**期限の利益**」を喪失するという契約になっている。「期限の利益」とは、住宅ローンを分割払いする権利のことをいう。この「期限の利益」を喪失すると、住宅ローンの分割払いができなくなり、残金を一括返済しなければならなくなる。また、住宅ローンの滞納が続くと「**ブラックリスト**」に載ってしまう。「ブラックリスト」に載ってしまうと、一定期間、新規の借入れやクレジットカードを発行してもらうことが難しくなる。

3. 保証会社から金融機関へローンの残金が一括返済される

　住宅ローンを組む場合、保証会社を利用することが一般的である。保証会社は、借入人が住宅ローンの返済をすることができなくなった場合に、借入人に代わって金融機関にローンを返済する役割を担っている。

4. 保証会社から借入人への返済請求

　保証会社が借入人に代わって住宅ローンの残金を返済したとしても、借入人がローン残金の支払義務を逃れられるわけではない。保証会社は立替払いをしたにすぎないからである。借入人は、保証会社に対して支払う義務を負う。

5. 保証会社による住宅競売の申立

　保証会社への返済ができない場合、裁判所を通じて住宅が**競売**され、競売代金で保証会社に返済することになる。

6. 競売実行（住宅の喪失）

ローンの滞納前にすべきこと

　上記の例は、あくまで住宅ローンの滞納を放置した場合です。住宅ローンの支払いが難しくなった場合、早急に金融機関に相談することが大切です。返済条件の変更等に応じてもらえる可能性があります。

　金融機関との話し合いがまとまらない場合でも、競売に比べてより高額で売却可能な「**任意売却**」や自宅を売却後に賃借して住み続けることができる「**リースバック**」という手段をとれる可能性もあるため、専門の不動産業者に相談してみることも有益です。

●首都圏で住むなら埼玉県がいい!?

　毎年、リクルート住まいカンパニーが関東圏（東京都・神奈川県・埼玉県・千葉県・茨城県）に居住している人を対象に調査した「住みたい街ランキング」を発表しています（2020年は20〜49歳の7,000人が対象）。最新「SUUMO住みたい街（駅）ランキング2020関東版」によると、1位横浜、2位恵比寿、3位吉祥寺という不動のトップ3で、以下4位大宮、5位目黒、6位品川、7位新宿、8位池袋、9位中目黒、10位浦和という顔ぶれ。

　通勤・通学に便利で、若者世代がこんな街に住んでみたいというのもうなずける、おしゃれな街（駅）が並んでいます。ただ、住宅購入となると、かなりの高額所得者でもない限りまず無理で、借りるにしても家賃が高そうです。

　そんな中でも、4位大宮、10位浦和がちょっと異色な存在です。大宮が新宿（7位）、池袋（8位）よりも上位にランキングし、浦和も渋谷（11位）より上でベスト10入りする高評価を得ています。

　浦和は、浦和駅に2013年から湘南新宿ラインが停車するようになり、乗り換えなしで都心へアクセスできる利便性が向上したことで順位を上げています。ちなみに、19位にさいたま新都心が入っています。

　神奈川県は横浜こそ1位ですが、13位鎌倉、20位武蔵小杉、24位たまプラーザ、26位川崎、27位海老名、30位藤沢といったところ。2019年の台風被害が影響したか、武蔵小杉は前年の9位から大きく順位を下げた格好です。

　東京都や神長川県に比べたら、埼玉県の方が住宅価格に値ごろ感があります。探せば掘り出し物件を見つけることができるかもしれません。

埼玉県

東京都・神奈川県より
値ごろ感がある

掘り出し物が
あるかも？

第4章

不動産にかかる税金

住宅ローン減税について

住宅を購入すると、最大で400万円の減税になることがあります。
ここでは減税の仕組みについて見ていきます。

住宅ローン減税の仕組み

　住宅ローンの減税とは、住宅を購入した人の年間の税額からその年末における住宅ローン残高に対する一定割合を控除する仕組みのことです。正式には「**住宅借入金等特別控除**」（以下、住宅ローン控除）といいます。

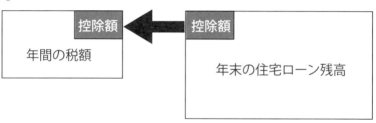

　そして、この控除が最高で**10年**（住宅購入年や購入した住宅の種類によって年数は変わる）の間、毎年繰り返されます。一つ具体例を見てみましょう。

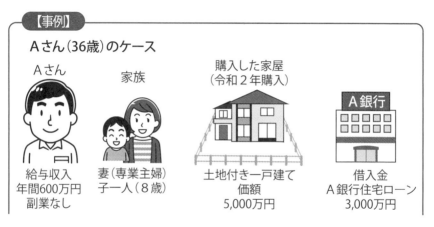

まずは、所得税（額）の簡単な計算をしてみましょう。

給与収入	600万円	もらった給与総額
給与所得	436万円	給与所得控除額を差し引いた金額
配偶者控除額	▲38万円	令和2年分以後
基礎控除額	▲48万円	令和2年分以後
社会保険料控除額	▲85万円	給与から天引き
課税される所得金額	265万円	給与所得から各種控除額を差し引いた金額
税額	16万7,500円	控除額を差し引いた金額

この最後の税額から住宅ローン控除額が差し引かれることになります。

年末の住宅ローン残高	2,950万円	すでに50万円を返済済と仮定
住宅ローン控除の計算	29万5,000円	2,950万円×1％
住宅ローン控除額	16万7,500円	16万7,500円≦29万5,000円

要するに、給与に課される税額から住宅ローン控除額を差し引くと、Aさんの場合はこの年は所得税額がゼロとなるわけです。

では、差し引いても引き切れなかった金額（16万7,500円 − 29万5,000円 = ▲12万7,500円）はどうなるのでしょうか？ このような場合は、翌年の住民税から差し引かれることとなります。なぜ翌年かというと、住民税は前年の所得（この事例では令和2年）に対して課されるものなので、令和3年分の住民税から控除されることとなるからです。

所得税はゼロです

やった！

税務署

適用対象となる住宅と借入金

　どんな住宅を購入（増改築も含む）した場合でも、住宅ローン減税（控除）が適用できるかというと、そうではなく、一定の制限があります。

【適用要件】
①マイホームを取得等の日から6カ月以内に居住し、適用を受ける各年の12月31日まで引き続きその住宅に住んでいること。
②適用を受ける年分の合計所得金額が3,000万円以下であること。
③新築等をした住宅の床面積が50㎡以上であり、床面積の2分の1以上の部分が専ら自己の居住の用に供するものであること。
➡床面積の判定は登記簿にて判断される。
④取得等にかかる借入金等の返済期間が10年以上であること。
➡この場合の借入金とは金融機関等からの借入金などをいい、親戚や知人に借りたものは対象にならない。
⑤居住年とその前後2年を含む5年間（154ページ参照）に、譲渡所得の課税の特例（3,000万円の特別控除、居住用買換え・交換の特例等）の適用を受けていないこと（詳しくは、第4章5～9参照）。

　あれこれ難しい用語が出てきましたが、一般的な理解として、返済期間が10年以上の借入金を銀行等から借入れ、50㎡以上の住宅を購入し、すぐさまその住宅に住み始め、その年の所得（収入ではなく）が3,000万円以下であれば、住宅ローン控除が適用されるということです。たいていの人はこの範囲内に入ると思われます。要件の⑤については後述します。

認定住宅の新築等に係る住宅借入金等特別控除の特例

　上記の適用要件に加え、新築等した家屋が「**認定住宅**」に該当すれば、

控除額の特例が受けられます。認定住宅とは耐久性、耐震性、省エネなどについて認定長期優良住宅等に該当する家屋をいい、控除限度額が最高で**50万円**になるなど、通常より有利な控除額となります。

■居住開始年による控除額の区分（認定住宅以外の場合）

居住の用に供した年	控除期間	各年の控除額の計算（控除限度額）
平成26年1月1日から令和元年9月30日まで	10年	1〜10年目　年末残高等×1％ 限度額（40万円） （注）住宅の取得等が特定取得以外の場合は20万円
令和元年10月1日から令和2年12月31日まで	13年	［住宅の取得等が特別特定取得に該当する場合］ 【1〜10年目】 年末残高等×1％　限度額（40万円） 【11〜13年目】 次のいずれか少ない額が控除限度額 ①年末残高等〔上限4,000万円〕×1％ ②（住宅取得等対価の額−消費税額〔上限4,000万円〕）×2％÷3 （注）「住宅取得等対価の額」は、補助金及び住宅取得等資金の贈与の額を控除しないこととした金額をいう。
	10年	［上記以外の場合］ 1〜10年目　年末残高等×1％ 限度額（40万円） （注）住宅の取得等が特定取得以外の場合は20万円
令和3年1月1日から令和3年12月31日まで	10年	1〜10年目　年末残高等×1％ 限度額（40万円） （注）住宅の取得等が特定取得以外の場合は20万円

※国税庁ＨＰ（タックスアンサー/所得税）No.1213　住宅を新築又は新築住宅を取得した場合（住宅借入金等特別控除）より抜粋。特定取得は消費税8％、特別特定取得は消費税10％のときの物件取得をいう。

住宅ローン減税の手続き

住宅ローン減税の手続きは大きく分けて、①確定申告をする場合と②年末調整で行う場合の2種類があります。

購入した年は確定申告が必要

●住宅を購入した年

住宅を購入したら、その年の住宅ローン控除は誰も（会社員でも自営業者でも）が**確定申告**で行います。年末に借入金残高がある場合は、翌年3月15日までに所得税の確定申告書を提出し、住宅ローン控除を受けることになります。

●翌年以降

住宅を購入した翌年以降は、会社員の場合は給与収入がありますから、ほとんどの場合は会社に必要書類を提出し、**年末調整**によって住宅ローン控除を受けることができます。一方、会社員でない場合（自営業者など）は、**確定申告**をして住宅ローン控除を受けることとなります。

住宅を購入した年

確定申告書を提出して
住宅ローン控除を受ける

住宅を購入した翌年以後

会社員の場合
会社にて年末調整を行い
住宅ローン控除を受ける

会社員以外の場合
確定申告書を提出して
住宅ローン控除を受ける

続けてその翌年以降も同様に行う

■住宅ローン控除を受ける際の提出書類（確定申告時）

●会社員の場合	●会社員以外（個人事業者など）の場合
確定申告書A 給与所得の源泉徴収票	確定申告書B 青色または白色申告決算書類
各種控除証明書類（生命保険料、地震保険料、ふるさと納税など）	
（特定増改築等）住宅借入金等特別控除額の計算明細書	
住宅取得資金に係る借入金の年末残高等証明書	
家屋の登記事項証明書、請負契約書、売買契約書の写し等（取得年月日などが記載されているもの）	
マイナンバーが記載された書類	

（注）上記はあくまでも一般的なものであり、場合に応じてさまざまな書類の提出を要求されることがある。

■2年目以後の提出書類

会社員の場合 （会社に提出するもの）	会社員以外 （個人事業者など）の場合
通常の年末調整の書類に加えて以下のものを会社に提出	通常の確定申告書類等に加えて以下のものを添付して税務署に提出
給与所得者の（特定増改築等）住宅借入金等特別控除申告書兼年末調整のための（特定増改築等）住宅借入金等特別控除証明書※	（特定増改築等）住宅借入金等特別控除額の計算明細書
住宅取得資金に係る借入金の年末残高等証明書	

※これは1年目の確定申告を行うと、税務署から残り9年分（9枚）がまとめて送られて来るので、紛失しないようにすること。

■ 令和 ○２ 年分（特定増改築等）住宅借入金等特別控除額の計算明細書 FA4022

○この明細書の書き方については、控用の裏面を参照してください。○住宅借入金等に連帯債務がある場合には、併せて付表を使用します。

1 住所及び氏名

住 所	郵便番号 900-1234 東京都杉並区中央町3-3-× 電話番号 03(98××)00××		整理番号	
フリガナ 氏 名	トウキョウ タロウ 東京太郎	（共有者の氏名）※共有の場合のみ書いてください。 フリガナ 氏 名	フリガナ 氏 名	

一面

提出用

2 新築又は購入した家屋等に係る事項

	家屋に関する事項	土地等に関する事項
居 住 開 始 年 月 日 ④	平成 令和 ２ 03 25	⑦ 平成 令和
補助金等控除前の取得対価の額 ⑧		⑦
交付を受ける補助金等の額 ⑨		⑦
取 得 対 価 の 額 ⑤	21000000	⑩ 42000000
総（床）面積 ⑥	86 03	⑤ 110 00
うち居住用部分の（床）面積 ⑥	86 03	⑤ 110 00

3 増改築等をした部分に係る事項

居 住 開 始 年 月 日 ⑦	平成 令和
補助金等控除前の増改築等の費用の額 ⑦	
交付を受ける補助金等の額 ⑦	
増改築等の費用の額（⑦ − ⑦）⑦	
うち居住用部分の金額 ⑦	

○この明細書は、申告書と一緒に提出してください。

○取得対価の額等が100万円を超えるときに、増改築等に係る住宅借入金等特別控除の適用を受けることができます。

4 家屋の取得対価の額又は増改築等の費用の額に課されるべき消費税額等に関する事項

区分	○	税率が5%の場合は(5)に○を、税率が8%又は10%の消費税額等が含まれている場合は(8)又は(10)に○を付けた上で、（契約書等に記載された消費税額）を書いてください。	1909090

5 家屋や土地等の取得対価の額

	Ⓐ 家　屋	Ⓑ 土 地 等	Ⓒ 合　計	Ⓓ 増 改 築 等
あなたの共有持分 ① ※共有の場合のみ書いてください。				
（ ○・⑨・⑥ ）× ① ② ※共有でない場合は②に○・⑨・⑥の金額を書きます。	21000000	42000000	63000000	
住宅取得資金の贈与の特例を受けた金額 ③				
あなたの持分に係る取得対価の額等（② − ③）④	21000000	42000000	63000000	

6 居住用部分の家屋又は土地等に係る住宅借入金等の年末残高

	Ⓔ 住 宅 の み	Ⓕ 土 地 等 の み	Ⓖ 住宅及び土地等	Ⓗ 増 改 築 等
新築、購入及び増改築等に係る住宅借入金等の年末残高 ⑤			52000000	
連帯債務に係るあなたの負担割合（付表の⑤の割合）⑥ ※単独債務の場合は100.00%と書きます。			100 00	
住宅借入金等の年末残高（付表の⑤の金額・上記の金額を書きます）⑦			52000000	
④と⑦のいずれか少ない方の金額 ⑧			52000000	
居 住 用 割 合 ⑨ ※100%以上の場合は、100.0%と書きます。（⑥÷④）⑨			100 0	
居住用部分に係る住宅借入金等の年末残高（⑧×⑨）⑩			52000000	
住宅借入金等の年末残高の合計額（⑩のⒺ＋⑩のⒻ＋Ⓖ＋Ⓗ＋⑩のⒽ）⑪				

※⑩の金額を二面の「住宅借入金等の年末残高の合計額」欄に転記します。

7 特定の増改築等に係る事項　（特定増改築等住宅借入金等特別控除の適用を受ける場合のみ書いてください。）

次の⑫欄から⑲欄に補助金等控除後の金額を書きます。※増改築等の⑫の費用が50万円を超えるときに住宅借入金等特別控除の適用を受けることができます。詳しくは、控用の裏面を参照してください。	⑫ 高齢者等居住改修工事等の費用の額	⑬ 断熱改修工事等の費用の額	⑭ 特定断熱改修工事等の費用の額	⑮ 特定多世帯同居改修工事等の費用の額
	⑯ 特定耐久性向上改修工事等の費用の額	⑰ 特定の増改築等工事費用の合計（⑬＋⑭＋⑮＋⑯）	⑱ あなたの特定に係る特定増改築等工事費用の額多世帯同居改修工事（⑫又は⑰×Ⓓの④）	⑲ 特定増改築等限度額特定断熱改修工事等多世帯同居改修工事等に係る。最高250万円

二面の⑳から

8 （特定増改築等）住宅借入金等特別控除額

（特定増改築等）住宅借入金等特別控除額 ※ 二面の該当する番号及び金額を転記します。	番号 Ⅰ ⑳ 400000

※次に該当する場合に、書いてください。

同一年中に8%及び10%の消費税率が含まれる家屋の取得等に係る増改築等をした場合は、右の欄に該当する工事に係る⑩の金額を書き、その上で、⑳欄に該当する金額の合計を書いてください。	家 屋 ⑪又は⑩の金額特定取得-2 ㉑		重複適用（の特例）を受ける場合は、右に該当する文字を〇で囲んだ上で、㉓に該当する金額を転記してください。	重複適用 重複取得の特例	
	㉒		㉓	00	

9 控除証明書の交付を要しない場合

翌年分以後について年末調整でこの控除を受けるための、控除証明書の交付を要しない方は、右の「要しない」の文字を○で囲んでください。	整理欄	住民	台帳番号・連帯番号

購入時 ㊁ 家屋 2,100万円（うち消費税1,909.090万円）

㊖ 土地 4,200万円 Ⓑ②④

借入金 5,200万円 Ⓖ⑤⑦⑧⑩

㊮㊁ 家屋面積 86.03㎡

㊯㊖ 土地面積 110.00㎡

124

■住宅借入金等特別控除額の計算明細書　2面　記入例

令和02年分（特定増改築等）住宅借入金等特別控除額の計算

次の該当する算式のうち、いずれか一の算式により計算します。

氏名　**東京太郎**

住宅借入金等の年末残高の合計額　※　一面の⑪の金額を転記します。　　**400,000**

番号	居住の用に供した日等	算式等	（特定増改築等）住宅借入金等特別控除額（100円未満の端数切捨て）	番号	居住の用に供した日等	算式等	（特定増改築等）住宅借入金等特別控除額（100円未満の端数切捨て）
1	住宅借入金等特別控除の適用を受ける場合（2から8のいずれかを選択する場合のできます。）	平成26年1月1日から令和2年12月31日までの間に居住の用に供したとき：住宅の取得等が特定取得に該当するとき	⑪× 0.01 = ⑳	（最高40万円）円 **4000**00	4	認定住宅の新築等に係る住宅借入金等特別控除の特例を選択するとき	認定住宅が認定長期優良住宅に該当するとき：住宅の取得等が（特別）特定取得に該当するとき	⑪× 0.01 = ⑳ （最高50万円）円 00
		住宅の取得等が特定取得に該当しないとき	⑪× 0.01 = ⑳	（最高20万円）円 00			住宅の取得等が（特別）特定取得に該当しないとき	⑪× 0.01 = ⑳ （最高30万円）円 00
		平成25年中に居住の用に供した場合	⑪× 0.01 = ⑳	（最高20万円）円 00			平成25年中に居住の用に供した場合	⑪× 0.01 = ⑳ （最高30万円）円 00
		平成24年中に居住の用に供した場合	⑪× 0.01 = ⑳	（最高30万円）円 00			平成24年12月4日から平成24年12月31日までに居住の用に供した場合	⑪× 0.01 = ⑳ （最高40万円）円 00
		平成23年中に居住の用に供した場合	⑪× 0.01 = ⑳	（最高40万円）円 00	5	高齢者等居住改修工事等に係る特定増改築等住宅借入金等特別控除を選択した場合	平成28年1月1日から令和2年12月31日までの間に居住の用に供した場合：住宅の増改築等が特定取得に該当するとき	（㉑の金額（最高1,000万円）） ⑳× 0.02 +（⑪－㉑）× 0.01 = ⑳ （最高12万5千円）円 00
2	住宅借入金等特別控除の控除額の特例を選択した場合	平成20年中に居住の用に供した場合	⑪× 0.004 = ⑳	（最高8万円）円 00			住宅の増改築等が特定取得に該当しないとき	（㉑の金額（最高1,000万円）） ⑳× 0.02 +（⑪－㉑）× 0.01 = ⑳ （最高12万円）円 00
		平成19年中に居住の用に供した場合	⑪× 0.004 = ⑳	（最高10万円）円 00	6	断熱改修工事等に係る特定増改築等住宅借入金等特別控除を選択した場合	平成28年1月1日から令和2年12月31日までの間に居住の用に供した場合：住宅の増改築等が特定取得に該当するとき	（㉑の金額（最高1,000万円）） ⑳× 0.02 +（⑪－㉑）× 0.01 = ⑳ （最高12万5千円）円 00
3	認定住宅の新築等に係る住宅借入金等特別控除の特例を選択したとき	認定住宅が認定長期優良住宅に該当するとき：住宅の取得等が（特別）特定取得に該当するとき	⑪× 0.01 = ⑳	（最高50万円）円 00			住宅の増改築等が特定取得に該当しないとき	（㉑の金額（最高1,000万円）） ⑳× 0.02 +（⑪－㉑）× 0.01 = ⑳ （最高12万円）円 00
		住宅の取得等が（特別）特定取得に該当しないとき	⑪× 0.01 = ⑳	（最高30万円）円 00	7	多世帯同居改修工事等に係る特定増改築等住宅借入金等特別控除を選択した場合	平成28年4月1日から令和2年12月31日までの間に居住の用に供した場合：㉑の金額（最高1,000万円）	⑳× 0.02 +（⑪－㉑）× 0.01 = ⑳ （最高12万5千円）円 00
		平成25年中に居住の用に供した場合	⑪× 0.01 = ⑳	（最高30万円）円 00	8	震災特例法の住宅の再取得等に係る住宅借入金等特別控除の控除額の特例を選択した場合	平成26年4月1日から令和2年12月31日までの間に居住の用に供した場合	⑪× 0.012 = ⑳ （最高60万円）円 00
		平成24年中に居住の用に供した場合	⑪× 0.01 = ⑳	（最高40万円）円 00			平成26年1月1日から平成26年3月31日までの間に居住の用に供した場合	⑪× 0.012 = ⑳ （最高36万円）円 00
		平成23年中に居住の用に供した場合	⑪× 0.012 = ⑳	（最高60万円）円 00			平成23年1月1日から平成24年12月31日までの間に居住の用に供した場合	⑪× 0.012 = ⑳ （最高48万円）円 00

※1　⑳欄の金額を一面の㉔欄に転記します。
※2　⑳欄の括弧内の金額は、居住の用に供した日の属する年における住宅の取得等又は住宅の増改築等に係る控除限度額となります。
※3　（特別）特定取得とは、家屋の取得対価の額又は増改築等の費用の額に含まれる消費税額等が、8％又は10％の税率により課されるべき消費税額等である場合におけるその住宅の取得等をいいます。

○　重複適用又は震災特例法の重複適用の特例を受ける場合には、次の㉓欄を記載します。
　　二以上の住宅の取得等又は住宅の増改築等に係る住宅借入金等の金額がある場合（これらの住宅の取得等又は住宅の増改築等が同一の年に属するもので、上記の表で同一の欄を使用して計算する場合を除きます。）には、その住宅の取得等又は住宅の増改築等ごとに（特定増改築等）住宅借入金等特別控除額の計算明細書又は（特定増改築等）住宅借入金等特別控除額の計算明細書（再び居住の用に供した方用）を作成します。
　　その作成した各明細書の⑳欄の金額の合計額を最も新しい住宅の取得等又は住宅の増改築等に係る明細書の㉓欄に記載します。

重複適用を受ける場合	各明細書の控除額（⑳の金額）の合計額（住宅の取得等又は住宅の増改築等に係る控除限度額のうち最も高い控除限度額が限度となります。）を記載します。	㉓	円 00
震災特例法の重複適用の特例を受ける場合	各明細書の控除額（⑳の金額）の合計額を記載します。	㉓	円 00

※　㉓欄の金額を一面の㉓欄に転記します。

12月末時点の借入金残高　5,200万円×1％＝52万円

限度額　　40万円≦52万円

■銀行からの年末融資残高証明書 記載例

住宅借入金等の金額について、以下の通り証明します。

取引番号 （××）××××

住宅取得資金に係る借入金の年末残高等証明書

住宅取得資金の 借入れ等を している者	住　所	900-1234 東京都杉並区中央町3-3-×
	氏　名	東京太郎　様
住宅借入金等の内訳		1 住宅のみ　2 土地等のみ　③住宅及び土地等

住宅借入金 等の金額	年末残高	予定額 52,000,000 円
	当初金額	令和2年3月1日 　　　　　52,250,000 円

償還期間又は賦払期間	令和2年3月から 令和22年2月まで	の 20 年　0ヶ月間

〔適要〕

株式会社　　××銀行　　印

■次年度以後の住宅ローン控除について

　さて、初年度の確定申告が終わったら、給与所得者の人は2年目以後は年末調整で住宅ローン控除を行います。

●必要な書類と手順

令和○年分　給与所得者の住宅借入金等特別控除申告書

| 令和3年 | 令和4年 | 令和5年 | 令和6年 | …… |

　控除を受ける残りの年数分の申告書の枚数がだいたい10月ごろに一度にまとめて送られてきますので、失くさないように注意しましょう。もし紛失したら税務署に申請して再度もらうことになります。

　この申告書に記入して、金融機関より送られてくる「住宅借入金等の年末残高証明書」(126ページ参照)とともに勤め先に提出します。

こんな場合はどうする？　Q&A

　Q1　転勤などでマイホームに居住できないときでも住宅ローン控除を受けられますか？

　A1　勤務先からの転任命令がある、単身赴任をしているなどの一定要件を満たせば控除を受けられる場合もあります。要件が細かいので税理士等の専門家に確認しましょう。

　Q2　転職した場合などはどのような取扱いになるでしょうか？

　A2　会社員を退職し同じ年に再就職した場合は上記の用紙等を新しい勤務先に提出すれば原則としてOKです。退職し、起業して自営業になった場合などは確定申告書を提出して控除を受けます。

マイホームを買うときの税金

不動産広告を見て「この価格なら買える！」と短絡的に考えていませんか？　税金のこともお忘れなく。

買うときに課される税金は？

　マイホームの購入時にかかる税金は**消費税**、**印紙税**、**登録免許税**の3つです。順に説明しましょう。

1.消費税

　購入時の契約書に物件価格が書いてあります。土地と建物に分けて価格が書いてあれば、必ず建物の方に消費税額の記載があります。土地は非課税ですが、建物は課税となるからです。消費税率は10％です。

　以下のような記載が一般的です。

土地

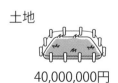

40,000,000円

建物

22,000,000円
（うち、消費税額2,000,000円）

　また、土地・建物を合わせて書いてあることもあります。こちらは中古物件などの契約書に多く見られます。

土地・建物
62,000,000円
（うち、消費税額2,000,000円）

　一番上の例と比較すると、支払う総額は6,200万円で同じです。消費税額が200万円ということは、建物は2,000万円、土地は4,000万円と逆算し

て確認することができます。

では、次に下の金額を見てください。

土地・建物
62,000,000円
（うち、消費税額5,636,364円）

支払う総額は上の２つと同じでも、消費税額が違います。総額6,200万円について消費税が課されています。この消費税額で計算した場合、土地と建物を分けて記載すると、次のようになってしまいます。

土地

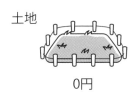

0円

建物

62,000,000円
（うち、消費税額5,636,364円）

この価格表記はおかしいですね。ですから、土地と建物価格が一体となった契約書の場合は、２つを分けて記載してもらい、両方に消費税がかかっていないかきちんと確認しましょう。

【ご注意】説明をわかりやすくするために消費税の端数を調整しています。

● **その他の消費税**

消費税がかかるのは物件だけではありません。購入時に払う諸費用（**仲介手数料**、金融機関等に支払う**事務手数料**など）にも消費税がかかります。

● **消費税がかからないもの**

物件にかかわる火災保険や後で述べる各種税金には消費税はかかりません。また、不動産会社などの事業者から物件を購入する場合には物件に消費税がかかりますが、個人同士（友人や親戚など）の売買によって直接購入する場合は事業者でない限り、物件に消費税はかかりません。

2.印紙税

　見落としがちなのが印紙税です。契約書などに印紙を貼付することで税金を納めたことになります。不動産の売買契約書、金融機関などとのローン契約書、新築時の工事請負契約書などに貼付します。

不動産売買契約書、金銭消費貸借契約書など	記載された契約金額	印紙税額
	1,000万円を超え5,000万円以下	2万円
	5,000万円を超え1億円以下	6万円
	1億円を超え5億円以下	10万円
	契約金額の記載のないもの	200円

　ただし、令和4年3月31日までは以下の軽減措置があります。

不動産売買契約書、金銭消費貸借契約書など	記載された契約金額	印紙税額
	1,000万円を超え5,000万円以下	1万円
	5,000万円を超え1億円以下	3万円
	1億円を超え5億円以下	5万円
	契約金額の記載のないもの	200円

3.不動産取得税

　不動産取得税は、土地・建物を購入し取得等した場合にかかる税金です。相続で取得したなど一定の場合には、課税されないこともあります。

●**不動産取得税の計算方法**　※東京都主税局HPより抜粋

> **取得した不動産の価格（課税標準額）*1 × 税率*2**

＊1 令和3年3月31日までに宅地等（宅地及び宅地評価された土地）を取得した場合、当該土地の課税標準額は価格の1／2となる。
＊2 税率は以下の通り。

取得日	土地	家屋（住宅）
平成20年4月1日から令和3年3月31日まで	3／100	

ここでいう「取得した不動産の価格」は**固定資産税評価額**となります。

①新築住宅の場合（一戸建て住宅）

床面積が50㎡以上240㎡以下であれば、固定資産税評価額から1,200万円が控除されます。計算式は以下の通りです。

$$（住宅の価格―控除額）× 税率 = 税額$$

②不動産取得税の申告方法

不動産を取得した日から**30日以内**に、その不動産の所在地を管轄する都道府県税事務所もしくはその支所などに申告が必要です。実務的には、登記申請をした後に都道府県税事務所から不動産取得税の通知書が送られてくるのでそれに合わせて納付をすることが多いのですが、①の軽減措置をしっかりと受けるためにも、自分で申告をした方がよいかもしれません。

4.登録免許税

これも先述したようにマイホーム購入時にかかる税金です。取得した土地・家屋の登記をする際にかかる税金です。印紙を購入して登記申請をするときに申請書に貼付します。登記の申請は自分で行わない場合は**司法書士**に依頼するのが一般的です。新築住宅と中古住宅で、建物の評価額に対する税金が違ってきます。

■土地・建物の登記

内容	課税標準[※1]	税率	軽減税率[※2]
土地の所有権移転	不動産の価額	2％	1.5％（令和3年3月31日まで）
建物の保存	〃	0.4％	0.15％（令和4年3月31日まで）
建物の移転（売買など）	〃	2％	0.3％（　　　〃　　　）

※1　課税標準となる「不動産の価額」は、市町村役場で管理している固定資産課税台帳の価格がある場合は、その価格となる。市町村役場で証明書を発行している。固定資産課税台帳の価格がない場合は、登記官が認定した価額となる。
※2　上記の軽減税率の適用を受けるには、床面積が50㎡以上であること等、一定の要件を満たす必要がある。

マイホームを売るときの税金

住んでいる家や土地、マンションを売ったときには、税負担の優遇措置があります。ここでは基本的な仕組みを確認しておきましょう。

譲渡所得とは？

モノを売った場合はその儲けについて以下のように考えます。

売却収入 ― 仕入価格 ＝ 利益

これと同じように、税務でも以下の文言を使用して考えます。

収入金額 ― （取得費＋譲渡費用） ＝ 譲渡損益

税務上、不動産を売却するときは譲渡といいます。利益が出たら譲渡利益、損失が出たら譲渡損失といい、課税される金額については**譲渡所得**と呼びます。例えば、5,000万円（収入金額）で不動産を売却し、土地の取得費が2,000万円、建物の取得費が1,500万円、仲介手数料などの譲渡費用が50万円だった場合、単純計算をすると譲渡利益は1,450万円〔＝5,000万円 －（2,000万円 ＋ 1,500万円 ＋ 50万円）〕となります。この利益に対して**所得税**と**住民税**が課税されます。そして、翌年の3月15日までに確定申告をしなければなりません。

●取得費

ここでいう税務上の取得費とは、買ったときの金額と完全に同額ではありません。土地付き一戸建ての場合を考えてみましょう。土地は劣化することはありませんが、家屋は時の経過とともに劣化していきます。ですから、家屋についてはその劣化していった部分を購入時の価格から差し引きます。この劣化していった部分の価額を「**減価償却費**」といいます。減価償却費の計算は、次の通り。

減価償却費 ＝ 取得価額 × 0.9 × 償却率 × 経過年数

以下の償却率（0.031）をあてはめて計算してみましょう。構造は木造、購入金額は1,500万円、経過年数は7年とします。

1,500万円 × 0.9 × 0.031 × 7年 ＝ 292万9,500円

この金額が減価償却費となります。売却益を再計算してみましょう。

5,000万円 －（2,000万円 ＋ 1,207万500円※ ＋ 50万円）＝ 1,742万9,500円

となります。　　　※1,500万円 － 292万9,500円 ＝ 1,207万500円

減価償却費を考慮すると、売却益が大きくなり、確定申告時に支払う税金の額が増えます。

■主な非業務用資産の償却率

建物の構造	耐用年数	償却率
鉄骨鉄筋コンクリート造または鉄筋コンクリート造	70年	0.015
木造または合成樹脂造	33年	0.031

●譲渡費用

譲渡費用とは、譲渡をする際に要した費用のことです。これに含まれるものとしては、例えば仲介手数料、売買契約書の印紙代、譲渡のために家屋を取り壊した場合の取り壊し費用などです。

●税額計算

最後に税額を計算してみます。譲渡所得に対する所得税率は保有期間によって以下のようになります。前出の物件を7年間所有していたら、売却益1,742万9,000円（千円未満切捨て）に対して所得税率は15.315％ですから、所得税額は266万9,200円（百円未満切捨て）、住民税は87万1,400円（百円未満切捨て）となります。

短期譲渡所得税率	譲渡した年の1月1日における所有期間が5年以下	所得税 30.63% 住民税　9%
長期譲渡所得税率	譲渡した年の1月1日における所有期間が5年を超える	所得税 15.315% 住民税　5%

05 マイホームを売ったときの5つの特例

前項でマイホームを売ったときの税金を計算しましたが、実はこれにはさまざまな特例があり、税負担を抑えることも可能です。

使える特例は5つ

1.居住用財産を譲渡した場合の長期譲渡所得の課税の特例

前項の事例では15.315％と5％の税率で計算しましたが、所有期間がその年1月1日において10年を超えるマイホームを売却した場合の税率は、以下のようになり、税率が軽減されます。

課税長期譲渡所得の金額	税率
6,000万円以下の場合	所得税10.21％　住民税4％
6,000万円超の場合	所得税　15.315％－306万3,000円 住民税　5％－60万円

※売り手と買い手が親子や同一生計親族、特殊関係にある法人などの特別な間柄である場合を除く。これ以外にもいくつかの要件がある。

2.居住用財産を譲渡した場合の3,000万円の特別控除

マイホームを売った場合に譲渡益が出たら、その譲渡益から**3,000万円**を差引くことができます。これについては次項で詳しく説明します。

3.特定の居住用財産の買換え特例

マイホームを売却し、新たに買換えたときは、一定の要件を満たした場合には売却益に対する課税を繰り延べることができます。繰り延べとは、税金がかからないというわけでなく、将来に再度マイホームを売却した時まで課税を"待ってくれる"という制度です。これについても第4章8、9で詳解します。

また、マイホームを売却して損失が出たときも特例があります。

4.居住用財産の買換え等の場合の譲渡損失の損益通算及び繰越控除の特例

所有期間が5年を超えているなどの条件を満たすマイホームを売却して、新たに買換えた場合に売却の損失が出たときは、一定要件を満たせばその損失をその年分の給与所得や事業所得など他の所得と**損益通算**することができます。さらに、損益通算をしても控除しきれず残った損失は、売却した年の**翌年以後3年内**に繰越控除ができます。

5.特定の居住用財産の譲渡損失の損益通算及び繰越控除の特例

住宅ローンで購入した所有期間が5年を超えるマイホームを売却したとき、ローン残高を下回る価額で売却して損失が出たときは、一定要件を満たせばその譲渡損失をその年分の給与所得や事業所得など他の所得と**損益通算**することができます。さらに、損益通算をしても控除しきれず残った損失は、売却した年の**翌年以後3年内**に繰越控除ができます。

●損益通算

事業を行っていて損失が出た場合は他の所得（給与所得など）と損益通算をすることができますが、土地建物等の譲渡所得の場合は一定のものを除き他の所得と損益通算ができません。年金や給与所得、事業所得などは確定申告書の第1表と第2表で確定申告を行いますが、土地建物等の譲渡所得は第3表で行い、合算して損失を控除するようなことはしません。

これはいわゆる分離課税と呼ばれるものです。この分離課税には、ほかに株式等の譲渡所得も該当するわけですが、株式等の譲渡所得とも損益通算することはしません。

※ここで紹介した特例は、住宅の適用要件がさまざまであり、併用して適用できなかったり、住宅ローン控除との併用ができないものもあります。また、取得価額の算出も複雑だったりするため、税理士等の専門家に相談した上で手続きを進めた方がよいでしょう。

06 3,000万円の特別控除について

> マイホームを売却したら、譲渡益から3,000万円を差し引いた後の
> 所得金額に課税される優遇措置があります。

譲渡所得から3,000万円が控除される

　3,000万円の特別控除とは、マイホームを売ったときに、譲渡所得か
ら最高3,000万円が控除できるという特例です。売却するマイホームに
ついては、所有期間の長短に関係なく適用されます。「〇年以上所有して
いること」などの要件は課されません。

　不動産を売却すると、その利益に対して**譲渡所得**として課税対象とな
るわけですが、マイホームの売却では3,000万円の特別控除があるため、
税負担を軽減することが可能です。

　注意点としては、**住宅ローン控除**との併用が
できないことです。

　簡単な事例を交えて、3,000万円特別控除の概
要を見てみましょう。

【概要】

　例えばマイホームの売却収入が4,000万円で、取得費2,000万円＋譲渡
費用100万円の場合の譲渡益は1,900万円となりますが、特別控除3,000
万円を差し引くと譲渡益がゼロとなり、課税されません。

※控除額は譲渡益を限度とする。

売却収入	取得費	譲渡費用	特別控除	譲渡益
4,000万円－（2,000万円＋100万円）－			3,000万円	→ 0円

■適用要件

1	自分が住んでいる家屋（もしくは家屋とその敷地など）を譲渡すること。
2	以前に住んでいた家屋等の場合には住まなくなった日から3年目の12月31日までに譲渡すること。
3	譲渡した年の前年及び前々年にこの3,000万円控除の特例又は居住用財産の交換特例や譲渡損失の損益通算・繰越控除、収用等の場合の特別控除などの特例の適用を受けていないこと。
4	売手と買手が親子や夫婦、同一生計親族や特殊関係にある法人などの特別な間柄でないこと。
5	家屋を取り壊した場合は、次の条件を満たすこと。 ①敷地の譲渡契約が家屋を取り壊した日から1年以内に締結され、かつ住まなくなった日から3年目の12月31日までに譲渡すること。 ②家屋を取り壊してから譲渡契約を締結した日まで、その敷地を貸駐車場などにしていないこと。

■適用除外

　この特例はマイホームについてのみ認められるものなので、別荘や仮住まいの家屋については適用されない。

●注意点

　住宅ローン控除の適用を受ける年とその前年、前々年およびその翌年、翌々年は、この3,000万円特別控除との併用はできない。自宅を買換える場合は注意が必要である。

前々年 併用不可	前年 併用不可	ローン控除を 受ける年	翌年 併用不可	翌々年 併用不可

※令和2年4月1日以後の譲渡については3年目まで併用不可（154ページ参照）。

適用を受けるための手続きについて

　この特例を受けるためには、譲渡をした年分の**確定申告**をしなければなりません。たとえ、控除を受けたことで譲渡益がゼロとなっても、確定申告は必要です。

　確定申告書と一緒に提出する添付書類は以下のものです。

---

1. 土地・建物用の譲渡所得の内訳書（確定申告書付表兼計算明細書）
2. 売買契約書の写しなど（場合による）

　売買契約日の前日において住民票に記載されていた住所と、そのマイホームの所在地とが異なる場合などには、**戸籍の附票**の写しなど、居住していたことを明らかにする書類が必要です。場合によっては、上記以外のものの提出も必要になります。

　なお、**譲渡所得の内訳書**の記入については、税理士に依頼した方が無難です（140 ～ 143 ページ参照）。

空き家となった被相続人の居住用財産の譲渡

　相続開始の直前まで一人暮らしの老親が住んでいた家を、相続人が売却する場合にも、3,000万円の特別控除の特例を適用できるようになりました（平成28年4月1日から令和5年12月31日までの間に売った場合）。家屋を取り壊して、その敷地を売却した場合も3,000万円の特別控除が適用できます。

　また、被相続人が介護認定などを受けて老人ホーム等に入所していて、相続開始の直前において居住していなかった場合でも、一定要件を満たせばこの特例の対象になることがあります。

※詳細は164〜165ページ参照。

まとめ【居住用財産の各種特例の適用関係】

区分	譲渡益 所有期間10年超		譲渡益 所有期間10年以下	譲渡損失の場合 所有期間5年超	譲渡損失の場合 所有期間5年以下	住宅ローン控除との併用
	居住期間10年以上	居住期間10年未満				
①軽減税率(6,000万以下10.21%)	○	○	×			×
②居住用3,000万円特別控除	○	○	○			×
③特定の居住用財産の買換え特例	○	×	×			×
④居住用財産の買換え等の譲渡損失の損益通算と繰越控除				○	×	○
⑤特定の居住用財産の譲渡損失の損益通算と繰越控除				○	×	○

※①と②は併用可、①と②または③は選択適用、④または⑤は選択適用。適用を受けた年によっても併用関係は変わる。

例えば

所有期間10年超、居住期間10年以上 の自宅を売却した場合…

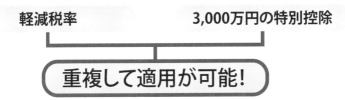

軽減税率　　　　　　　3,000万円の特別控除

重複して適用が可能!

●もう一度確認　☞134ページ、136ページ参照

軽減税率…居住用財産(不動産)の所有期間が10年を超えていること。

3,000万円の特別控除…居住用財産(不動産)の所有期間が問われない。

確定申告を忘れずに　☞138ページ参照

　3,000万円の特別控除を受けるためには、マイホームを譲渡した翌年の2月16日から3月15日までに、確定申告をすることが必要である。

1 面

譲 渡 所 得 の 内 訳 書

（確定申告書付表兼計算明細書）【土地・建物用】

【令和 2 年分】

名簿番号

提出　　枚のうちの

この「譲渡所得の内訳書」は、土地や建物の譲渡（売却）による譲渡所得金額の計算用として使用するものです。「譲渡所得の申告のしかた（記載例）」（国税庁ホームページ【https://www.nta.go.jp】からダウンロードできます。税務署にも用意してあります。）を参考に、契約書や領収書などに基づいて記載してください。

なお、国税庁ホームページの「確定申告書等作成コーナー」の画面の案内に従って収入金額などの必要項目を入力することにより、この計算明細書や確定申告書などを作成することができます。

あ な た の

現 住 所 （前住所）	神奈川県○○市○×町△△番地 （ 東京都中野区○○町３−６　　）	フリガナ 氏 名	ウミカワ イチロウ **海 川 一 郎**
電話番号 （連絡先）	03-5421-××××	職 業	**会社員**

※ 譲渡（売却）した年の1月1日以後に転居された方は、前住所も記載してください。

関 与 税 理 士 名
（電話　　　　　　　　　　　　）

記 載 上 の 注 意 事 項

○ この「譲渡所得の内訳書」は、一の契約ごとに1枚ずつ使用して記載し、「確定申告書」とともに提出してください。

また、譲渡所得の特例の適用を受けるために必要な書類などは、この内訳書に添付して提出してください。

○ 長期譲渡所得又は短期譲渡所得のそれぞれごとで、二つ以上の契約がある場合には、いずれか1枚の内訳書の譲渡所得金額の計算欄（3面の「4」各欄の上段）に、その合計額を二段書きで記載してください。

○ 譲渡所得の計算に当たっては、適用を受ける特例により、記載する項目が異なります。

● 交換・買換え（代替）の特例、被相続人の居住用財産に係る譲渡所得の特別控除の特例の適用を受けない場合
　　　　　　……1面・2面・3面

● 交換・買換え（代替）の特例の適用を受ける場合
　　　　　　……1面・2面・3面（「4」を除く）・4面

● 被相続人の居住用財産に係る譲渡所得の特別控除の特例の適用を受ける場合
　　　　　　……1面・2面・3面・5面
　　　　　　（また、下記の 5面 に○を付してください。）

○ 土地建物等の譲渡による譲渡損失の金額については、一定の居住用財産の譲渡損失の金額を除き、他の所得と損益通算することはできません。

○ 非業務用建物（居住用）の償却率は次のとおりです。

区 分	木 造	木 骨 モルタル	（鉄骨）鉄筋 コンクリート	金属造①	金属造②
償却率	0.031	0.034	0.015	0.036	0.025

（注）「金属造①」……軽量鉄骨造のうち骨格材の肉厚が3mm以下の建物
　　　「金属造②」……軽量鉄骨造のうち骨格材の肉厚が3mm超4mm以下の建物

5面

（令和2年分以降用）

3,000万円特別控除で売却益3,000万円以下だった場合

| 2 面 | 名簿番号 |

1 譲渡（売却）された土地・建物について記載してください。

（1）どこの土地・建物を譲渡（売却）されましたか。

| 所在地 | 所在地番 | 東京都中野区○○町3－6 |
| | （住居表示） | 同　上 |

（2）どのような土地・建物をいつ譲渡（売却）されましたか。

土地	✓宅　地　□田 □山　林　□畑 □雑種地　□借地権 □その他（　　　）	（実測）　　m² （公簿等） 68.6　m²	利　用　状　況	売買契約日
			✓自己の居住用 （居住期間　令和 平成20年1月～2年3月）	令和 2年1月16日
建物	✓居　宅　□マンション □店　舗　□事務所 □その他 （　　　　）	82.3　m²	□自己の事業用 □貸付用 □未利用 □その他（　　　　）	引き渡した日 令和 2年3月18日

○ 次の欄は、譲渡（売却）された土地・建物が共有の場合に記載してください。

あなたの持分		共有者の住所・氏名	共有者の持分	
土　地	建　物		土　地	建　物
		（住所）　　　　（氏名）		
		（住所）　　　　（氏名）		

（3）どなたに譲渡（売却）されましたか。

（4）いくらで譲渡（売却）されましたか。

| 買主 | 住　所
（所在地） | 東京都港区六本木×× |
| | 氏　名
（名称） | ○○不動産 | 職　業
（業　種） | 不動産 |

| ① | 譲渡価額 |
| | 68,000,000　円 |

【参考事項】

| 代金の
受領状況 | 1回目
2年1月30日
1,000,000円 | 2回目
2年3月16日
67,000,000円 | 3回目
年月日
円 | 未収金
年月日（予定）
円 |

| お売りになった
理　由 | □買主から頼まれたため
□他の資産を購入するため
□事業資金を捻出するため | □借入金を返済するため
□その他
（　　　　　　　） |

○ 「相続税の取得費加算の特例」や「保証債務の特例」の適用を受ける場合の記載方法

○ 「相続税の取得費加算の特例」の適用を受けるときは、「相続財産の取得費に加算される相続税の計算明細書」（国税庁ホームページ【www.nta.go.jp】からダウンロードできます。なお、税務署にも用意してあります。）で計算した金額を3面の「2」の「②取得費」欄の上段に「相××円」と二段書きで記載してください。

○ 「保証債務の特例」の適用を受けるときは、「保証債務の履行のための資産の譲渡に関する計算明細書（確定申告書付表）」（国税庁ホームページ【www.nta.go.jp】からダウンロードできます。）で計算した金額を3面の「4」の「B必要経費」欄の上段に「保××円」と二段書きで記載してください。

○ 4面を記載される方で、「相続税の取得費加算の特例」や「保証債務の特例」の適用を受ける場合には、税務署に記載方法をご確認ください。

2 譲渡（売却）された土地・建物の購入（建築）代金などについて記載してください。

(1) 譲渡（売却）された土地・建物は、どなたから、いつ、いくらで購入（建築）されましたか。

購入建築 価額の内訳	購　入　（　建　築　）　先　・　支　払　先 住　所　（所在地）	氏　名　（名　称）	購入建築年月日	購入・建築代金又は譲渡価額の5%
土　　地	中野区○○町	××不動産	20・1・30	40,000,000円
			・　・	円
			・　・	円
		小　　計		(イ) 40,000,000円
建　　物	中野区○○町	××不動産	20・1・30	28,000,000円
			・　・	円
			・　・	円
建物の構造　☑木造 □木骨モルタル □(鉄骨)鉄筋 □金属造 □その他		小　　計		(ロ) 28,000,000円

※ 土地や建物の取得の際に支払った仲介手数料や非業務用資産に係る登記費用などが含まれます。

(2) 建物の償却費相当額を計算します。

建物の購入・建築価額(ロ) □標準	償却率	経過年数	償却費相当額(ハ)
28,000,000円 × 0.9 ×	0.031 ×	12	= 9,374,400 円

(3) 取得費を計算します。

② 取得費	(イ)＋(ロ)－(ハ)　円 58,625,600

※ 「譲渡所得の申告のしかた（記載例）」を参照してください。なお、建物の標準的な建築価額による建物の取得価額の計算をしたものは、「□標準」に☑してください。
※ 非業務用資産（居住用）の (ハ) の額は、(ロ) の価額の95%を限度とします（償却率は1面をご覧ください。）。

3 譲渡（売却）するために支払った費用について記載してください。

費用の種類	支　　払　　先 住　所　（所在地）	氏　名　（名　称）	支払年月日	支　払　金　額
仲介手数料	港区六本木××	○○不動産	2・3・18	2,310,000円
収入印紙代			・　・	30,000円
			・　・	円
			・　・	円
				円
			③ 譲渡費用	2,340,000

※ 修繕費、固定資産税などは譲渡費用にはなりません。

4 譲渡所得金額の計算をします。

区分	特例適用条文	A 収入金額 ①	B 必要経費 (②＋③)	C 差引金額 (A－B)	D 特別控除額	E 譲渡所得金額 (C－D)
短期 長期	所・㊡・震 35条の 1	68,000,000円	60,965,600円	7,034,400円	7,034,400	0円
短期・長期	所・措・震 条の	円	円	円	円	円
短期・長期	所・措・震 条の	円	円	円	円	円

※ ここで計算した内容（交換・買換え（代替）の特例の適用を受ける場合は、4面の 6 で計算した内容）を「申告書第三表（分離課税…

所得が7,034,400円 ≦ 3,000万円　なので
控除額は7,034,400円

■確定申告書 記入例

令和 [02] 年分の 所得税及び 復興特別所得税 の 申告書（分離課税用）

FA0037

住所
屋号
神奈川県○○市○×町
△△番地

フリガナ ウミカワ イチロウ
氏名 海川一郎

（単位は円）

			整理番号						一連番号			

特　例　適　用　条　文

法	条	項	号
	の条	項	号
	の条	項	号
	の条	項	号

収入金額

分離課税	短期譲渡	一般分 ㋝	
		軽減分 ㋔	
	長期譲渡	一般分 ㋜	
		特定分 ㋟	68000000
		軽課分 ㋠	
	一般株式等の譲渡 ㋤		
	上場株式等の譲渡 ㋨		
	上場株式等の配当等 ㋩		
	先物取引 ㋣		
山　林 ㋥			
退　職 ㋬			

所得金額

分離課税	短期譲渡	一般分 59	
		軽減分 60	
	長期譲渡	一般分 61	0
		特定分 62	
		軽課分 63	
	一般株式等の譲渡 64		
	上場株式等の譲渡 65		
	上場株式等の配当等 66		
	先物取引 67		
山　林 68			
退　職 69			

税金の計算

総合課税の合計額（申告書B第一表の⑨） ⑨	3780000	
所得から差し引かれる金額（申告書B第一表の㉕） 25	920000	
課税される所得金額	対応分 70	2860000
	59 60 対応分 71	000
	61 62 63 対応分 72	000
	64 65 対応分 73	000
	66 対応分 74	000
	67 対応分 75	000
	68 対応分 76	000
	69 対応分 77	000

税金の計算

税金額	70 対応分 78	188500
	71 対応分 79	
	72 対応分 80	
	73 対応分 81	
	74 対応分 82	
	75 対応分 83	
	76 対応分 84	
	77 対応分 85	
78から85までの合計（申告書B第一表の㉚に転記） 86		188500

その他

株式等	本年分の64・65から差し引く繰越損失額 87	
	翌年以後に繰り越される損失の金額 88	
配当等	本年分の66から差し引く繰越損失額 89	
先物取引	本年分の67から差し引く繰越損失額 90	
	翌年以後に繰り越される損失の金額 91	

○ 分離課税の短期・長期譲渡所得に関する事項

区分	所得の生ずる場所	必要経費	差引金額（収入金額－必要経費）	特別控除額
長期一般	中野区○○町	2,340,000 円	7,034,400 円	7,034,400 円
差引金額の合計額 92			7,034,400	
特別控除額の合計額 93				7034400

○ 上場株式等の譲渡所得等に関する事項

上場株式等の譲渡所得等の源泉徴収税額の合計額 94	

○ 分離課税の上場株式等の配当所得等に関する事項

種目・所得の生ずる場所	収入金額	配当所得に係る負債の利子	差引金額
	円	円	円

○ 退職所得に関する事項

所得の生ずる場所	収入金額	退職所得控除額
	円	円

整理欄		申告等年月日					
取得期間	通算		特例期間				

譲渡所得の内訳書からここに記入

07 3,000万円特別控除の利用例

前項で紹介した3,000万円特別控除の制度について、実際の利用例を見てみましょう。

売却益が3,000万円以下の場合

【事例1】

　Aさんは1998（平成10）年に一戸建て（木造）を購入しましたが、隣町に住む両親と同居することになったため、自宅を売却することにしました。

【取得費】

購入年月
1998（平成10）年1月

購入時の家屋の価格
1,800万円

購入時の土地の価格
3,000万円

【売却収入】

売却年月
2019（令和元）年11月

売却時の家屋の価格
1,000万円

売却時の土地の価格
4,600万円

固定資産税清算金
1万2,000円

　固定資産税清算金とは、固定資産税の清算を意味します。所有資産にかかる固定資産税を売主と買主で按分するのが一般的です。税金ですが、これは費用でなく売却収入とします（73ページ参照）。

　税法上、固定資産税の納税義務者は売主であるとされています。よって、買主が売主に支払う（つまり、按分した分）固定資産税に相

当する額は、税金ではなく売却収入とみなされるというわけです。

　実際には、引渡日の前後で日割計算をして、売主と買主、双方が負担する金額を算出します。

　　この事例の場合

引渡日

売主が負担	買主が負担

●譲渡費用

1.家屋が購入時からどのぐらい減価したかを計算します。

　1,800万円 − (1,800万円 × 0.9 × 0.031 × 22年[※]) = 6,951,600円

　※ 6 カ月以上は 1 年、6 カ月未満は切捨て。

2.売却収入

　4,600万円 + 1,000万円 + 1 万2,000円 = 56,012,000円

3.取得費

　3,000万円 + 6,951,600円(上記 1) = 36,951,600円

4.譲渡費用

仲介手数料	198万円
印紙税	3 万円
測量費	30万円

　198万円 + 3 万円 + 30万円 = 2,310,000円

5.売却益

　2 − (3 + 4) = 16,750,400円

　この売却益から特別控除額 3,000 万円を差し引きます。控除額は売却益が限度なので、マイナスにしてはいけません。

6.譲渡所得

　16,750,400円 − 30,000,000円 ≦ 0

　よって、控除額　16,750,400円

　売却益はゼロとなりますので、譲渡にかかわる税金もありません。

売却益が3,000万円を超える場合

【事例2】

　では、売却益が3,000万円を超えたらどうなるでしょうか。売却収入を以下のようにし、その他の金額は変えずに計算してみます。

売却年月	2019（令和元）年11月
売却時の土地の価格	6,000万円
売却時の家屋の価格	2,000万円
固定資産税清算金	2万5,000円

7．売却収入

　6,000万円＋2,000万円＋2万5,000円＝80,025,000円

8．売却益

　上記7－（上記3＋4）＝40,763,400円

9．譲渡所得

　上記8から3,000万円の特別控除を差し引く

　40,763,400円－30,000,000円＝10,763,400円

10．譲渡所得税の計算

　10,763,400円（千円未満切捨て）×10％（所有期間10年超の軽減税率）

　＝1,076,300円

譲渡所得税は1,076,300円と算出されます。

　なお、確定申告時にこの金額と給与所得
にかかわる税金を合算した金額に、復興特
別所得税2.1％を加算した金額がその年分
の所得税となります。

■譲渡所得の内訳書 3面 記入例

3 面

2 譲渡（売却）された土地・建物の購入（建築）代金などについて記載してください。

（1）譲渡（売却）された土地・建物は、どなたから、いつ、いくらで購入（建築）されましたか。

購入建築 価額の内訳	購入（建築）先・支払先 住　所（所在地）	氏　名（名　称）	購入建築 年月日	購入・建築代金 又は譲渡価額の5%
土　　地	○○市△△町	○×不動産	10・1・15	30,000,000円
			・　・	円
			・　・	円
			小　計	(イ)30,000,000円
建　　物	○○市△△町	○×不動産	10・1・15	18,000,000円
			・　・	円
			・　・	円
建物の構造	□木造 ☑木骨モルタル □（鉄骨）鉄筋 □金属造 □その他		小　計	(ロ)18,000,000円

※ 土地や建物の取得の際に支払った仲介手数料や非業務用資産に係る登記費用などが含まれます。

（2）建物の償却費相当額を計算します。

建物の購入・建築価額（ロ）　　償却率　　経過年数　　償却費相当額（ハ）
□標準
18,000,000円 × 0.9× 0.031 × 22 ＝11,048,400円

（3）取得費を計算します。

② 取得費	(イ)＋(ロ)－(ハ)　円 36,951,600

※ 「譲渡所得の申告のしかた（記載例）」を参照してください。なお、建物の標準的な建築価額による建物の取得価額の計算をしたものは、「□標準」に☑してください。
※ 非業務用建物（居住用）の（ハ）の額は、（ロ）の価額の95％を限度とします（償却率は1面をご覧ください。）。

3 譲渡（売却）するために支払った費用について記載してください。

費用の種類	支　払　先 住　所（所在地）	氏　名（名　称）	支払年月日	支払金額
仲介手数料	○○市○○町	××不動産	1・11・16	1,980,000円
収入印紙代			1・11・16	30,000円
測量費	○○市○○町	土地家屋調査士	1・10・18	300,000円
			・　・	円

※ 修繕費、固定資産税などは譲渡費用にはなりません。

③ 譲渡費用	2,310,000 円

4 譲渡所得金額の計算をします。

区分	特例適用 条　文	A 収入金額 （①）	B 必要経費 （②＋③）	C 差引金額 （A－B）	D 特別控除額	E 譲渡所得金額 （C－D）
短期 長期	所・措・震 35 条の 1	円 80,025,000	円 39,261,600	円 40,763,400	円 30,000,000	円 10,763,400
短期・ 長期	所・措・震 条の	円	円	円	円	円
短期 長期	所・措・震 条の	円	円	円	円	円

※ ここで計算した内容（交換・買換え（代替）の特例の適用を受ける場合は、4面の「6」で計算した内容）を「申告書第三表（分離課税用）」に転記します。
※ 租税特別措置法第37条の9の特例の適用を受ける場合は、「平成21年及び平成22年に土地等の先行取得をした場合の譲渡所得の課税の特例に関する計算明細書」を併せて作成する必要があります。

整理欄

買換え特例について

3,000万円特別控除と並んで、マイホームを買換える際に適用できる有利な制度として、買換え特例というものがあります。

買換え特例とはどのような制度か？

　マイホームを売却し新たに買換えたときは、一定の要件を満たした場合には売却益に対する課税を繰り延べることができます。3,000万円特別控除の場合は、譲渡益から3,000万円の控除額が差し引かれ、その部分に対する課税が行われなかったわけですが、**買換え特例**の場合は、あくまでも課税が先に繰り延べられるという性格のものです。

部分が売却益

（説明を簡略化するため減価償却費や取得費・譲渡費用は考慮していない。）

　例えば、1,000万円で購入したマイホームを3,000万円で売却し、4,000万円のマイホームに買換えた場合には、通常 2,000万円の譲渡益に対して課税されます。しかし、買換え特例の適用を受けることで、売却した年分の譲渡益には課税されず、買換えたマイホームを将来譲渡（4,500万円で売却）したときまで課税が繰り延べられ、「最終的に譲渡したときの譲渡益 500万円に当初の売却益 2,000万円をプラスした2,500万円」に対して課税されるといった仕組みです。

■適用要件の一部

1	自分が住んでいる家屋またはその家屋と敷地等を売ること。以前に住んでいた家屋等の場合は住まなくなった日から3年目の12月31日までに売ること。
2	譲渡・買換えた居住用財産は日本国内にあるもの。
3	売却代金が1億円以下であること。
4	売った人の居住期間が10年以上で、かつ売った年の1月1日においてその家屋等の所有期間が10年を超えていること。
5	買換える建物の床面積が50㎡以上で、買換える土地面積が500㎡以下であること。
6	マイホームを売った年の前年から翌年までの3年の間にマイホームを買換えること。
7	買換えたマイホームには一定期間内に住むこと。
8	家屋を取り壊した場合は、敷地の譲渡契約が家屋を取り壊した日から1年以内に締結され、かつ住まなくなった日から3年を経過する日の属する年の12月31日までに売ること、その他一定の要件を満たすこと。
9	親子や夫婦など特別の関係がある人に対して売ったものでないこと。

　上記の要件以外にも買換える居住用財産が一定の**耐火建築物**であるか、**耐震基準**を満たしているかなどさまざまな要件があります。また、併用できる譲渡の特例も限られています。

　買換え特例を適用する場合には、できるだけ数年にわたる買換えのスケジュールを立ててから取り組んだ方がよいと言えます。年をまたいだりすると適用不可になったり、また条件に合致する不動産が簡単に見つかるとも限りません。次項では、タイムスケジュールを考慮しながら、買換え特例を使った実例を見てみましょう。

買換え特例の利用例

買換え特例を利用すると有利になるケースとは？　また、ほかの制度で併用できないものはないか事例を交えて考えてみます。

買換え特例の譲渡所得の計算

　買換え特例は、あくまでも課税の免除ではなく、課税の繰り延べです。取得費や所有期間によって税額がどう変わるのか確認してみましょう。

ポイント
ここでは取得費と、適用要件のうち10年超の所有期間にあてはまるか、譲渡の上限金額をチェックし、適用がない場合はどうするかを考えます。

【事例1】3,000万円特別控除を利用

　一郎さんは、2000年に購入したマイホーム（取得費3,500万円）を2020年に7,000万円で売却しました。譲渡費用は200万円。

1. 譲渡所得

　7,000万円－（3,500万円＋200万円）＝33,000,000円

2. 課税譲渡所得

　3,300万円－3,000万円＝3,000,000円

3. 300万円に対する税額（長期譲渡所得の軽減税率）

　①3,000,000円×10.21％＝306,300円　…所得税

　②3,000,000円×4％＝120,000円　…住民税

　③　①＋②＝426,300円

※説明を簡略化するため、減価償却は考慮していない。

【事例2】上記1の場合で、9,000万円の物件を購入した場合

1. 判定　所有期間 >10年

譲渡代金≦買換えたマイホームの代金➡譲渡所得はないものとする

2. 手続き

譲渡所得の内訳書、登記事項証明書などの必要書類を添付して、翌年3月15日までに確定申告をする必要があります（3,000万円特別控除と買換え特例は選択適用）。

【事例3】上記1の場合で、5,000万円の物件を買換えたときに買換え特例の適用を受けた場合

●買換えの場合の譲渡所得の計算式

譲渡代金＞買換えたマイホームの代金

①譲渡代金―買換え代金＝譲渡収入の金額

② （譲渡資産の取得費＋譲渡費用）× $\dfrac{①}{譲渡代金}$ ＝取得費・譲渡費用

③　①―②＝譲渡所得

1. 判定　所有期間 >10年

譲渡代金 ＞ 買換えたマイホームの代金

2. 譲渡収入

7,000万円 － 5,000万円 ＝ 20,000,000円

3. 取得費の計算

（3,500万円 ＋ 200万円）× $\dfrac{2,000万円}{7,000万円}$ ＝ 10,571,428円

4. 譲渡所得

2 － 3 ＝9,428,000円

5. 税額の計算

①9,428,000円×15.315％＝1,443,800円　…所得税

②9,428,000円×5％＝471,400円　…住民税

③　①＋②＝1,915,200円

軽減税率と買換え特例は選択適用。事例1と3を比べると、3,000万円特別控除を適用した方が税額が少ない。

※すべての事例について課税所得は千円未満切捨て、税額百円未満切捨て。

　次郎さんは、1990年に家Aを4,500万円で購入。2012年に6,000万円で売却と同時に7,500万円で家Bに買換えました。このときに買換え特例を利用しています。そして2020年に家Bを売却（予定額8,500万円）し、家C（予定額9,000万円）を購入しようと考えています。この場合、どのような特例が受けられるでしょうか。

1. 2012年に買換え特例を利用したとき
①計算
　譲渡代金6,000万円≦買換えたマイホームの代金7,500万円となるので、譲渡所得に対する課税は繰り延べられます。
②手続き
　特例を受けるためには、譲渡所得の内訳書、登記事項証明書などの必要書類を添付して、翌年3月15日までに確定申告をします。

2. 2020年に家Bを売却し買換えるとき
①判定
　居住期間が10年以下となるので、買換え特例は受けられません。
　取得費は1990年に購入した家Aの4,500万円と、2012年に買換えた家Bの自己資金1,500万円の合計となります。

		買換え価額 7,500万円	売却金額 8,500万円
			売却益1,000万円
		自己資金 1,500万円	取得費1,500万円
	売却金額合計 6,000万円		
	繰り延べられた売却益 1,500万円		1,500万円
取得費 4,500万円			取得費 4,500万円
1990年	2012年	2012年	2020年

②この譲渡所得にマイホームを譲渡した場合の3,000万円特別控除を適用して税額を計算してみます。

ⅰ　譲渡代金8,500万円─取得費（4,500万円＋1,500万円）＝
譲渡所得2,500万円

注：計算を簡便にするために、償却費と譲渡費用は考慮していません。

ⅱ　譲渡所得2,500万円－特別控除3,000万円≦０

譲渡所得は０なので、税額は発生しません。

取得費は当初の4,500万円を引き継ぐことになるわけですが、取得時期は2012年の買換えた時期となります。

大事なこと！

買換え特例、3,000万円特別控除などを受ける場合は、買換えた新しい家については住宅ローン控除を受けられません。

3. 住宅ローン控除と買換え特例等の関係

住宅ローン控除は買換え特例、3,000万円特別控除、長期譲渡所得の軽減税率の特例（以下、「買換え特例等」）とは併用できません。しかし、少し前までは節税の裏ワザとして以下のようなことが伝えられていました。

> 住宅ローン控除は、居住年とその前後２年を含む５年間に「買換え特例等」を受けていない場合には適用できる。つまり、買換え特例等を受けた年から２年を経過した年以後は住宅ローン控除を受けられる。

というものです。

◄──────── 住宅購入年 ────────►

この５年間に買換え特例等を受けたら住宅ローン控除は受けられない

　言い換えれば、この前後５年間以外の年であれば買換え特例等も受けられるということです。実例として多かったのが、先に新しいマイホームを購入し住宅ローン控除を受け、古いマイホームは売却せずに、住まなくなってから３年目の年に売却すれば3,000万円特別控除と住宅ローン控除の両方の適用が受けられたわけです。ここまでは、従前のお話です。

　しかし、これについては課税公平の原則から見直しが行われ、新しいマイホームに居住した年から３年目に今までのマイホームを譲渡した場合（2020年４月１日以後）において3,000万円特別控除は受けられないこととなりました。

◄──────── 住宅購入年 ────────►

この６年間に買換え特例等を受けたら
住宅ローン控除は受けられないこととなった

　どの特例を受けるのが有利であるかはケースバイケースです。将来のライフプランも見据えて検討する必要があるといえます。

　買換えたときに、それまで住んでいた住宅の売却損が出ることもあります。次は、そのような場合に使える特例を探してみましょう。

【事例5】買換えをして損失が出た場合

　三郎さんは、1991年に住宅を6,500万円（土地4,000万円、家屋2,500万円）で購入しました。すでに子どもたちも家を出て、夫婦二人になったので住み替えを考えており、小さめの住宅を購入するつもりです。新しい家の価格は3,800万円。これまで住んでいた家は3,500万円で売れそうです。30年近く住んでいたとはいえ、自宅の値段は随分と下がってしまいました。自宅を売却すると、税金はどのようになるのでしょうか？

1. 三郎さんの収入　給与のみ　所得金額　500万円
2. 売却益　住宅の売却収入　3,500万円
3. 取得費と譲渡費用　4,577万2,500円
（マイホームの取得費6,500万円－減価償却費2,022万7,500円＋譲渡費用100万円）
4. 譲渡損失の金額　2－3＝▲1,077万2,500円
5. 買換資産　取得価額　3,800万円
（家屋1,800万円、土地2,000万円）
6. 新居の住宅ローンあり

　売却損の1,077万2,500円を1の給与所得金額500万円と相殺すると、三郎さんのこの年の課税される所得金額はゼロとなります。

　そして、来年は1,077万2,500円－500万円＝577万2,500円が譲渡損失の金額として、繰り越されます。この繰り越しは譲渡した年の翌年3年以後、給与所得から控除することができます。つまり、税金がかからないということですね。適用要件がいろいろありますので、売却する前に税理士等に相談しましょう。

「居住用財産の譲渡損失の金額の明細書」など一定の書類を添付して確定申告する必要がある。

税務署から「お尋ね」が来たら

不動産を売買すると税務署から「お尋ね」が来ることがあります。
これに対して、どう対応すればよいのでしょうか。

「お尋ね」は放置しても構わないか？

Aさんは、前年に自宅（居住用不動産）を売却しました。この売買について計算してみたところ、以前に知り合いの税理士から聞いた「**居住用財産（不動産）の3,000万円特別控除**」の枠内に、自分が得た売却益は収まっていたようです。

【売却益　1,500万円】

取得費+譲渡費用 3,500万円	売却収入 5,000万円

そして、この売却益である資金で新しい家屋を購入しました。では、「はい、それで終わり」かというとそんなことはありません。この事例で税務的に気になるポイントは2つあります。

売却益で
新しい家を
手に入れた！

まず1つ目は、**3,000万円の特別控除**を受けるためには、売却の翌年に**確定申告**が必要です。当然、Aさんも確定申告をしなければなりません。2つ目は、新しい家屋を購入するための資金はどこから出てきたのかということです。以前住んでいた家屋の売却益だということは税務署サイドにはわかりません。ですから、家屋を購入する資金として「贈与

を受けたのではないか？」と疑われるもととなります。

翌年、新しい家に引っ越しして落ち着くと間もなく、Aさん宛てに税務署から「**購入された家屋についてのお尋ね**」という通知文書が送付されてきました（土地家屋の謄本が名義変更されると、この情報を税務署は得ています）。この「お尋ね」の書面には、住所・氏名、新しい家屋を誰からどのように購入したか、購入した資金はどの銀行預金から払われたか、借入金の相手方は誰かなどを記入します。そして、この書面を持参して税務署に行き担当官と面接します。

ここでまたあれこれと質問されますが、すべてを正直に話せば特に問題ありません。Aさんの場合も、確定申告書に**3,000万円特別控除**の適用を受ける旨を記載し、必要な添付書類を提出しただけで終わりました。

税務署からの「お尋ね」は、提出義務のある文書ではありませんが、マイナンバーの紐付けで裏付け調査も簡単になりつつあります。決して無視していいという文書ではないのです。

ほかにどんな「お尋ね」がある？

先に述べたのは、不動産売却にかかわるものでしたが、最近増えてきているのは、やはり相続税に関するものです。相続した不動産を売却するつもりでいたら、税務署から「**相続に関するお尋ね**」が**相続税の申告要否検討表**（158～159ページ参照）と一緒に届いたという話をよく聞きます。やはり、わかる範囲内で誠実に回答して提出して、すんなりと不動産売却に進みたいものです。

■相続税の申告要否検討表（見本）

相 続 税 の 申 告 要 否 検 討 表 (平成27年分以降用)

| | 名簿番号 | |

1 亡くなられた人の住所、氏名（フリガナ）、生年月日、亡くなられた日を記入してください。

住所		氏名	（　　　　　　　　　　　　）	生 年 月 日		年	月	日
				亡くなられた日	平成	年	月	日

2 亡くなられた人の職業及びお勤め先の名称を「亡くなる直前」と「それ以前（生前の主な職業）」に分けて具体的に記入してください。

亡 く な る 直 前 :　　　　　　　　　　（お勤め先の名称 :　　　　　　　　　）

それ以前（生前の主な職業）:　　　　　　（お勤め先の名称 :　　　　　　　　　）

3 相続人は何人いますか。相続人の氏名と亡くなられた人との続柄を記入してください。

	（フリガナ） 相続人の氏名	続 柄		（フリガナ） 相続人の氏名	続 柄
①	（　　　　　　　　　　　）		④	（　　　　　　　　　　　）	
②	（　　　　　　　　　　　）		⑤	（　　　　　　　　　　　）	
③	（　　　　　　　　　　　）			相続人の数 Ⓐ	人

(注)　相続を放棄された人がおられる場合には、その人も含めて記入してください。

4 亡くなられた人や先代の名義の不動産がありましたら、土地、建物を区分して（面積は概算でも結構です。）記入してください。

種 類	所 在 地	イ 面積(m²)	ロ 路線価等 (注1、2)	ハ 倍率 (注2)	ニ 評価額の概算 (注3)
①					万円
②					万円
③					万円
④					万円

(注)　1　ロ欄は、土地について路線価が定められている地域は路線価を記入し、路線価が
　　　　　定められていない地域は固定資産税評価額を記入してください。また、建物は同固定
　　　　　資産税評価額を記入してください。

| | 合計額 Ⓑ | 万円 |

　　　　2　土地に係るロ欄の路線価又はハ欄の倍率は、国税庁ホームページ【www. rosenka. nta. go. jp】で確認することができま
　　　　　す。なお、路線価図は千円単位で表示されています。また、建物に係るハ欄の倍率は1.0倍です。
　　　　3　ニ欄は、次により算出された金額を記入してください。
　　　　　《ロ欄に路線価を記入した場合》ロの金額×イの面積(m²)
　　　　　《ロ欄に固定資産税評価額を記入した場合》ロの金額×ハの倍率〔建物は1.0倍〕

5 亡くなられた人の株式、公社債、投資信託等がありましたら記入してください（亡くなった日現在の状況について記入してください。）。

	銘 柄 等	数量(株,口)	金 額		銘 柄 等	数量(株,口)	金 額
①			万円	④			万円
②			万円	⑤			万円
③			万円			合計額 Ⓒ	万円

6 亡くなられた人の預貯金・現金について記入してください（亡くなった日現在の状況について記入してください。）。

	預入先（支店名を含む）	金 額		預入先（支店名を含む）	金 額
①		万円	④		万円
②		万円	（現金）		万円
③		万円		合計額 Ⓓ	万円

27.7

7 相続人などが受け取られた生命（損害）保険金や死亡退職金について記入してください。

生命保険金等	保険会社等		金 額	死亡退職金	支払会社等		金 額
	①	イ	万円		①	ハ	万円
	②	ロ	万円		②	ニ	万円

(注) 生命（損害）保険金や死亡退職金は一定額が非課税となりますので、次により計算します。※赤字のときはゼロ	ホ+への金額
生命保険金等：（イ+ロの金額 _____万円）－ （Ⓐの人数_____人×500万円）＝ホ_____万円 死亡退職金：（ハ+二の金額 _____万円）－ （Ⓐの人数_____人×500万円）＝へ_____万円	Ⓔ 万円

8 亡くなられた人の財産で、上記4から7以外の財産（家庭用財産、自動車、貸付金、書画・骨とうなど）について記入してください。

財 産 の 種 類	数 量 等	金 額	財 産 の 種 類	数 量 等	金 額
①		万円	③		万円
②		万円	合計額	Ⓕ	万円

9 亡くなられた人から、相続時精算課税を適用した財産の贈与を受けた人がおられる場合に、その財産について記入してください。

贈与を受けた人の氏名	財産の種類	金 額	贈与を受けた人の氏名	財産の種類	金 額
①		万円	③		万円
②		万円	合計額	Ⓖ	万円

10 亡くなられた人から、亡くなる前3年以内に、上記9以外の財産の贈与を受けた人がおられる場合に、その財産について記入してください。

贈与を受けた人の氏名	財産の種類	金 額	贈与を受けた人の氏名	財産の種類	金 額
①		万円	③		万円
②		万円	合計額	Ⓗ	万円

11 亡くなられた人の借入金や未納となっている税金などの債務について記入してください。また、葬式費用について記入してください。

借入先など債権者の住所・所在と氏名・名称	金 額	借入先など債権者の住所・所在と氏名・名称	金 額
①	万円	③ 葬式費用の概算	万円
②	万円	合計額 Ⓘ	万円

12 相続税の申告書の提出が必要かどうかについて検討します。（概算によるものですので、詳細については税務署にお尋ねください。）

Ⓑの金額		万円	（Ⓙ－Ⓘ）の金額 ※赤字のときはゼロ	Ⓚ	万円
Ⓒの金額		万円	（Ⓚ+Ⓗ）の金額	Ⓛ	万円
Ⓓの金額		万円	基礎控除額の計算　　　　　　　　　Ⓜ 3,000万円 ＋ Ⓐ_____人 × 600万円）＝_____万円		
Ⓔの金額		万円	（Ⓛ－Ⓜ）の金額	Ⓝ	万円
Ⓕの金額		万円	Ⓝの金額 《黒字である場合》相続税の申告が必要です。 　　　　　《赤字である場合》相続税の申告は不要です。		
Ⓖの金額		万円	※ あくまでも概算による結果ですので、Ⓛの金額とⓂの金額の差が小さい場合には、申告の要否について更に検討する必要があります。 ※ 国税庁ホームページ【www.nta.go.jp】には、相続税に関する具体的な計算方法や申告の手続などの詳しい情報を記載した「相続税の申告のしかた」を掲載しておりますのでご利用ください。		
Ⓑから Ⓖの合計額	Ⓙ	万円			

平成____年____月____日	作成税理士の氏名、事務所所在地、電話番号
住 所_____ 氏 名_____ 電話番号_____	

※ 相続税の申告が不要な場合には、お手数ですが、この「相続税の申告要否検討表」を作成していただき、税務署に提出してください。
【注意】 この「相続税の申告要否検討表」は、相続税の申告書ではありません。

11 親から住宅購入資金を 贈与されたら

住宅を購入する際、親から資金贈与を受ける人もいるでしょう。その資金には税金がかかるか、かからないか確認する必要があります。

住宅購入資金の贈与税の非課税制度

住宅購入の際に、父母や祖父母などの直系尊属から贈与を受け、自己の居住用家屋の新築、取得、増改築等（以下、「新築等」）のための金銭（以下、「住宅取得等資金」）に充てた場合に一定要件を満たすときは、**贈与税**が**非課税**となります。

贈与を受ける対象者（受贈者）の要件

次の要件のすべてを満たすことが必要です。

1	贈与をした者の直系卑属（子や孫）であること。
2	贈与をする者は受贈者の直系尊属（両親、祖父母）であること。
3	贈与を受けた年の1月1日において20歳以上であること。
4	贈与を受けた年分の合計所得金額が2,000万円以下であること。
5	2009（平成21）年から2014（平成26）年の贈与税の申告で「住宅取得等資金の非課税」の適用を受けたことがないこと（一定の場合を除く）。
6	自己の配偶者、親族などから住宅の取得等をしたものでないこと、またはこれらの者との請負契約をしたものでないこと。
7	贈与を受けた年の翌年3月15日までに住宅取得等資金の全額を充てて住宅用家屋の新築等をすること。

| 8 | 贈与を受けたときに日本国内に住所を有していること（一定の場合を除く）。 |
| 9 | 贈与を受けた年の翌年3月15日までにその家屋に居住することまたは同日後遅滞なくその家屋に確実に居住すると見込まれること。 |

このように数多くの要件があり、その内容も細かいのですが、簡単に言い換えれば「日本に住んでいる人が親や祖父母から住宅取得等資金をもらい、翌年の3月15日までに新築等をし、その家屋に住むこと」ということです。

4の所得要件の**2,000万円**というのは、サラリーマンでいえば年収が2,195万円まで（収入が給与のみの場合）が該当します。かなりの高額所得者でもない限り、要件の範囲内に収まる人が多いのではないでしょうか。

非課税限度額

契約の締結日と家屋の種類によって、以下のようになります。

消費税率10%の場合:個人間の売買で中古住宅を取得する場合には、消費税がかからないので限度額が変わってくる。

住宅用家屋の新築等に係る 契約の締結日	省エネ等住宅※	左記以外
令和2年4月1日～令和3年3月31日	1,500万円	1,000万円
令和3年4月1日～令和3年12月31日	1,200万円	700万円

※省エネ等住宅とは一定の省エネ基準や耐震基準を満たした住宅をいい、「住宅性能証明書」や「長期優良住宅の建築等計画の認定通知書の写し」など一定の証明書を贈与税の申告書に添付する必要がある。これらの証明書などについては国土交通省または地方整備局の管轄となる。

非課税の特例の適用対象となる建物

　非課税の特例を受けるためには、床面積をはじめとした建物の条件があるので、よく確認しましょう。

新築住宅	1	国内にあること
	2	床面積の1/2以上が居住用であること
	3	床面積が50㎡以上240㎡以下
中古住宅	4	上記の要件1～3を満たすこと
	5	建築後20年（耐火建築物は25年）以内であること、または一定の耐震基準を満たしていること
一定の増改築等	6	改築後、1および2の要件を満たすこと
	7	工事費用が100万円以上であること
	8	居住用部分の工事費が工事費全体の1／2以上であること
	9	一定の工事であることにつき検査済証の写しなどの証明がされていること

非課税の特例の適用を受けるための手続き

　この特例の適用を受けるためには、贈与を受けた年の翌年2月1日から3月15日までの間に、非課税の特例の適用を受ける旨を記載した**贈与税の申告書**に戸籍の謄本、登記事項証明書、新築や取得の契約書の写しや各種証明書などの一定の書類を添付して、納税地の所轄税務署に提出する必要があります。

こんなときはどうなる？ 住宅取得等資金のQ&A

Q1

私は、今回マイホームを購入するにあたり、妻の両親から購入資金として500万円の援助を受けました。この援助について住宅取得等資金の非課税の特例を受けられますか？

A1

非課税の適用を受けられるのはあくまでも自分の直系尊属であって、配偶者の直系尊属ではありません。このまま500万円をもらってしまうと、贈与を受けたことになり、贈与税がかかります。

このような場合には、妻が自分の直系尊属から住宅取得等資金の援助を受けたことを申告し、妻が出した金額に見合った割合でマイホームの名義を共有にすることです。

Q2

祖父から土地家屋を譲り受けることとなりました。これについて、住宅取得等資金の非課税の特例を受けられますか？

A2

適用を受けられるのは、あくまでもマイホームの取得のため金銭の贈与を受けた場合であり、現物の不動産ではありません。このような場合は、特例の適用対象とはなりません。

Q3

今住んでいる家の住宅ローンを繰上げ返済するための資金を父からもらいました。住宅取得等資金の非課税の特例を受けられますか？

A3

この特例はマイホームを取得して居住の用に供するため、またはすでに住んでいる家屋について一定の増改築等に充てる対価に限られますので、住宅ローンの返済資金については適用されません。

相続で住宅を取得した場合

相続で住宅を取得したら、その家に住んでいた人が相続したか、親が一人で住んでいたかなど諸条件によって扱いが変わります。

取得後すぐに行うべきこと

親の所有していた土地家屋を相続した場合、まずは**名義変更の登記**をしなければなりません。また、相続税の各種優遇措置を受けるためには相続税の申告が必要になる場合もあります。

●住んでいるのは誰？

その住宅を相続した者が、その家を自己の居住用として住んでいた子であれば、売却するときは "**居住用財産（不動産）**" の売却として以下の特例が受けられます。

a.居住用不動産の譲渡の3,000万円控除

b.所有期間が10年超の居住用不動産の長期譲渡所得の税率軽減

c.特定の居住用不動産の買換え特例

d.居住用不動産の買換え等の場合の譲渡損失の損益通算及び繰越控除

e.特定の居住用不動産の譲渡損失の損益通算及び繰越控除

その住宅に住んでいなかった場合は、原則として上記の特例を受けることはできませんが、下記のような特例を受けられることがあります。

●空き家となった住宅の特例

親が一人で住んでいた家の場合、相続または遺贈により取得した空き家であれば、**3,000万円特別控除**の特例が受けられます（取得時から売却までの間に事業の用に使用したり、貸付けたりしては受けられません）。

■主な適用要件

1	家屋が区分所有建築物（つまりマンションなど）でないこと。
2	昭和56年５月31日以前に建築された家屋であること。
3	相続開始の直前まで同居人がいなかったこと。
4	譲渡の対価の額が１億円以下であること。
5	地方公共団体の長などがこの特例の要件を満たすことを証明した書類を確定申告書に添付すること。
6	相続の時から譲渡のときまでに事業もしくは貸付、居住の用に供されていないこと（この場合の居住の用とは被相続人以外に誰も住んでいなかったということ）。
7	譲渡の時において一定の耐震基準を満たすものであること。
8	相続の開始があった日から３年を経過する日の属する年の12月31日までに売ること。
9	売手と買手が親子や夫婦、同一生計親族や特殊関係にある法人などの特別な間柄でないこと。

※このほかにもいくつかの要件がある。

■適用を受けるための手続き

譲渡をした年分の確定申告書に次の書類を添付して提出する。

1.土地・建物用の譲渡所得の内訳書（確定申告書付表兼計算明細書）

2.売却した資産の登記事項証明書で次の事項を明らかにするもの

　①売却した本人がその家屋等を相続または遺贈により取得したこと

　②その家屋が昭和56年５月31日以前に建築されたこと

　③その家屋について区分所有建物登記がされていないこと

3.家屋等の所在地を管轄する市区町村長から交付を受けた「被相続人居住用家屋等確認書」

※これ以外にも書類が必要になることがあるので、税理士等の専門家に相談すること。

【コラム】
時限立法にご注意！

　時限立法とは、特例により適用期限を限定して法律を定めることをいいます。景気浮揚（刺激）策として、税負担を軽くするための目的から「○年○月○日から○年○月○日まで」と、有効期間が法令の中に明記されているのが特徴です。

●住宅ローン控除は昭和53年生まれ

　今では当たり前となった感のある「住宅ローン控除」ですが、現在の形に近いものになったのは昭和53年度の税制改正で、当初の限度額は3年間で最高18万円というものでした。その後、住宅取得促進の掛け声に応じ、延長に延長を重ね現在の形に至っています。

　法律が延長・廃止・創設される度に、経済や消費の動きがどのように誘導されていくのか眺めて見るのも面白いかもしれません。

　不動産の税金に関連する時限立法を概観してみましょう。

◆不動産関連税制の時限立法

①居住用財産の買換え等の特例（第4章8参照）

令和1年12月31日まで➡令和3年12月31日までに延長

②被相続人の居住用財産（空き家とその敷地）を売却した場合の3,000万円特別控除（第4章6参照）…令和5年12月31日までの譲渡

③住宅用家屋の登録免許税の軽減…令和4年3月31日まで

④不動産売買契約書の印紙税の軽減…令和4年3月31日まで

⑤新築住宅取得の場合の固定資産税の軽減（第2章10参照）…令和4年3月31日までの新築の場合

⑥低未利用地の譲渡（一定の未利用地の譲渡益から100万円を控除する制度）…令和4年12月31日までの譲渡

　上記はほんの一例です。これ以外にも適用期限を区切った法律の規定は数多く存在しますので、税理士等の専門家に相談した上で優遇措置を上手に利用しましょう。

第5章

賃貸借に関する
Q & A
10問10答

Q. 家を借りる場合、借地借家法という法律の適用があると聞いたのですが、これはどのような法律なのでしょうか？

A. 借地借家法は ①建物の賃貸借および ②建物の所有を目的とする土地の賃借権、地上権について定めた法律になります。賃貸人に比べて立場の弱い賃借人を保護することを目的とする法律です。

賃借人の保護を目的とする特別法

　日本では、契約自由の原則の下、各当事者が契約内容を自由に決定することができます。しかし、不動産賃貸借契約の場合、貸主である不動産オーナーが優位な立場に立つため、賃借人にとって不利な内容の賃貸借契約が強制されてしまう恐れがあります。そこで、賃借人を保護するために制定されたのが**借地借家法**です。借地借家法は民法の**特別法**であるため、民法に優先して適用されます。借地借家法が適用される賃貸借契約では、一定範囲の賃借人に不利な条項は無効とされています。

◆借地借家法が適用される賃貸借契約の例
・アパートの賃貸借契約
・マイホーム建築を目的とする土地賃貸借契約

◆借地借家法が適用されない賃貸借契約の例
・駐車場として利用するための土地賃貸借契約
・資材置場として利用するための土地賃貸借契約

借地借家法の役割

　民法では、賃貸借期間は**上限50年**と定められています。当事者でこれより長い期間を定めた場合でも、期間は50年となります。50年以下であれば、自由に期間を定めることができます。

　建物の賃貸借契約の場合、期間に上限はありません。1年未満の期間を定めた場合、**期間の定めのない賃貸借契約**として扱われます。

　借地借家法の適用のある土地の賃貸借契約の場合、期間は**最低30年**となります。期間を定めなかった場合や30年以下の期間を定めた場合でも、期間は30年となります。上限はありません。

■賃貸借期間の比較

	民法	借地借家法	
		土地	建物
最長期間	50年	制限なし※	制限なし※
最短期間	制限なし	30年※	制限なし （1年未満は期間の定めが ないものとみなされる）

※定期借地権や事業用定期借地権など一定の例外が存在する。

賃貸借契約の更新

　借地借家法は、賃貸借契約の**更新**の場面でも賃借人を保護しています。

　賃貸借期間が満了した場合でも、貸主は「**正当事由**」がない限り、賃貸借契約の更新を拒否できないとされています。「正当事由」とは、賃貸人や賃借人が不動産の使用を必要とする事情、不動産の利用状況、賃貸借に関する従前の経緯や立退料などを踏まえて判断されます。賃貸人の一方的な判断により賃貸借契約を終了させることはできないのです。

02 賃貸借契約書で 確認すべきことは？

> Q.アパートを借りようと考えているのですが、賃貸借契約を締結する際に注意すべき点を教えてください。

A.賃貸借契約を締結するときは、安易に署名・捺印をせず、契約内容をしっかりと確認することが重要です。また、賃貸借契約を仲介する不動産会社が行う重要事項の説明をしっかり聞き、疑問点は質問するようにしましょう。

賃貸借契約書で確認すべき事項

　まず第一に、賃貸借契約を締結する際には、契約書に記載されている内容を確認します。物件の詳細、契約期間、賃料・共益費やその支払い方法、禁止事項、契約解除の要件など、確認すべき項目は多岐にわたります。自分に不利な契約内容となっていないか確認しましょう。

重要事項説明って何だ？

　不動産を賃借する場合、賃貸借契約締結の前に**重要事項説明**が行われます。重要事項説明とは、借主に対し、賃料や使用条件など重要な内容を説明し、賃貸借契約を締結するか否かの判断をしてもらうために行うものです。

　賃貸借契約は貸主と借主の間で締結されるのに対し、重要事項説明は賃貸借契約の仲介をした不動産会社（不動産仲介会社）から借主に対して行われます。重要事項説明の際に交付される重要事項説明書は、賃貸借契約書に基づいて作成されるため、内容は似通ったものになりますが、

重要事項説明書にしか記載されない内容もあるため注意が必要です。

　重要事項説明の際には、物件の状況や使用条件等、今までに説明を受けた内容と異なることがないか、しっかり確認することが肝要です。また、相手は不動産の専門家ですから、不明点や疑問点を解決する絶好の機会ともいえます。

■賃貸借契約書で確認すべき事項

No	確認すべき事項	確認すべき内容
1	物件の詳細	物件の所在や部屋番号、間取り、築年数、付属設備などが自分の認識と合っているかを確認する。
2	契約期間	契約期間を確認する。
3	更新方法	契約更新手続や更新料の金額、支払い条件などを確認する。
4	賃料及び共益費（管理費）	賃料及び共益費の額や支払方法、支払期限を確認する。
5	敷金	敷金の金額と返還方法について確認する。
6	禁止事項	ペットの飼育、楽器演奏、第三者との同居など、禁止事項がないかを確認する。
7	契約の解除、解約方法	契約解除の要件や借主から契約を解約する場合の方法、解約通知の期限などを確認する。
8	特約事項	自分に不利な条件が記載されていないか、自分の要望がしっかり記載されているかを確認する。

03 礼金は払わないといけないの？

Q. アパートを借りようと思っているのですが、礼金を要求されました。礼金は必ず支払わなければいけないのでしょうか？

A. 礼金は法律上支払義務があるものではありません。大家さんとの交渉次第では、減額したり免除してもらえる可能性もあります。

礼金とは？

礼金とは、賃借人が賃貸人に対して、物件を貸してもらうお礼として支払うお金のことです。礼金についての法律上の規定は存在せず、慣習に基づいて行われているものです。**敷金**（174ページ参照）は賃貸借契約終了後返金されますが、礼金は返金されません。礼金は初期費用として支払うことが一般的であるため、賃貸借契約締結から入居までの間に支払うことが多い性格のものです。

礼金の慣習が始まったのは、戦後からだといわれています。当時は住宅が不足していたため家を借りることが難しく、賃借人の立場が弱かったことから、賃貸人に対して家を貸してくれたことへのお礼を支払っていたのです。賃貸住宅が供給過剰となった現在では、賃借人は賃貸物件を選ぶことができる立場にあるため、礼金の慣習は時代に合わないといえるかもしれません。最近では、礼金のない賃貸物件も増えてきています（敷金・礼金ゼロの物件も珍しくありません）。

一般的に、礼金は賃料の1〜2カ月分が相場だといわれています。もっとも、前述の通り礼金は慣習に基づく制度ですので、地域によって金額

や名称に差があります。礼金※という名称が使用されていない地域もありますし、礼金を支払う慣習がない地域も存在します。

※関西では、敷金を「保証金」、礼金を「敷引き」と呼ぶ。

交渉による減額が可能

アパートへ入居する際にはいろいろとお金が掛かります。また引っ越し費用もそれなりの金額になります。無駄な出費は抑えたいと考える人が多いのではないでしょうか。礼金を支払いたくない場合、仲介をする不動産会社にあらかじめその旨を伝えておけば、礼金のない物件を探してくれます。また今どきは、インターネットで賃貸物件の情報を閲覧できるため、自分で礼金のない物件を探すことも割と簡単にできます。

借りたいと思った物件に礼金の要求がある場合でも、すぐにあきらめる必要はありません。前述のように、礼金は法律上の支払義務があるわけではなく、賃貸人と賃借人の合意によって定めるものなので、賃貸人との交渉が可能です。不動産会社を通して賃貸人と交渉することにより、礼金を減額してもらえたり、場合によっては免除してもらえる可能性もあります。

また、賃貸住宅が供給過剰な地域では、賃借人が見つかりにくい状況にあります。賃貸人にとってアパートを空室にしておくことはリスクです。礼金を減額してでも部屋を借りてほしいと思うオーナーはたくさんいるため、礼金を減額してもらえる可能性は十分にあるといえそうです。気に入った物件があったら、簡単にあきらめずに、とりあえず交渉をしてみましょう。

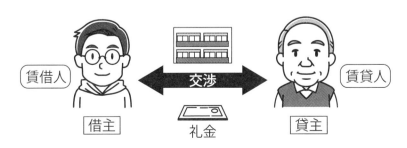

賃借人　交渉　賃貸人
借主　礼金　貸主

04 敷金は返してもらえる？

Q.賃貸アパートを退去することになったのですが、入居時に支払った敷金は返してもらえるのでしょうか？

A.敷金から未払賃料や原状回復に必要な費用等、賃貸借契約に基づいて賃借人が負担する金銭を控除した残額を返還してもらうことができます。

敷金とは？

　敷金とは、賃貸借契約に基づいて賃借人が賃貸人に対して負う金銭債務を担保する目的で賃借人が賃貸人に交付する金銭をいいます。賃貸借契約の締結時に支払われるもので、賃貸住宅の場合であれば、家賃の１〜３カ月分の金額となることが一般的です。

　賃借人が賃料を滞納した場合、賃貸人は賃借人の同意なく敷金を未払賃料に充てることができます。一方、賃借人の方から敷金を未払賃料に充てることを請求することはできません。

首都圏では「敷金２カ月、礼金１〜２カ月」が一般的。

敷金の返還時期

　敷金は、賃貸借契約が終了し、賃貸物件を賃貸人に返還した時に返還されます。賃貸借契約が終了してから賃貸人に物件が返還されるまでの間に生じた賃借人の債務についても、敷金で担保されることになります。

174

原状回復って何？

　賃借人は賃貸借契約の終了後、物件を**原状回復**して賃貸人に返還しなければなりません。賃借人が直接原状回復を行う場合もありますが、原状回復に必要な費用を支払って済ませる場合がほとんどです。

　その場合、敷金から原状回復費用を控除することになります。従来は、この原状回復の意味を巡って争いが生じることも多かったのですが、2020（令和2）年4月1日施行の**改正民法**により、原状回復の意味が明確にされました。

　改正民法では、原状回復は「**物件を借りた当時の状態に戻すことではない**」と考えられています。経年劣化や通常の使用・収益による損耗の修繕費用は賃借人が負担する必要はないのです。例えば、日常生活によって畳がすり減ったり、部屋が汚れたとしても、賃借人は原状回復義務を負いません。

　一方で、タバコの火で畳を焦がしてしまった場合など、賃借人の故意・過失によって生じさせた損傷については、賃借人に原状回復義務が生じます。

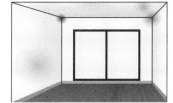

経年劣化は賃借人の責任ではない。

【参考条文】

民法第621条（賃借人の原状回復義務）

　賃借人は、賃借物を受け取った後にこれに生じた損傷（通常の使用及び収益によって生じた賃借物の損耗並びに賃借物の経年変化を除く。以下この条において同じ。）がある場合において、賃貸借が終了したときは、その損傷を原状に復する義務を負う。ただし、その損傷が賃借人の責めに帰することができない事由によるものであるときは、この限りでない。

仲介手数料って何？

Q. アパートを借りる際の初期費用として、仲介手数料が必要だと教えられました。仲介手数料とは何でしょうか。また、費用はいくらくらいでしょうか？

A. 仲介手数料とは、貸主・借主の間に入って契約を成立させた不動産会社に対して支払うものです。仲介手数料の金額は、賃料１カ月分とされることが一般的です。

不動産仲介会社の果たす役割

　アパートを借りたいと思ったら、まずは物件探しから始めることになるでしょう。最近では、インターネットで手軽に検索できるようになりましたが、候補の物件が見つかった後は何をすればよいのでしょうか。

　手順としては、内見を行い、家賃などの費用や賃貸条件を考慮した上で、**賃貸借契約**を締結するかしないかを検討することになります。もっとも、気になる物件がある度に自ら貸主に連絡をとってこれらの検討を行うことは現実的ではありません。また、不動産に関する専門知識のない一般の人が自力で貸主と交渉することは容易なことではないと思われます。

　不動産仲介会社は、貸主と借主の間に入って賃貸借契約の成立のために調整を行ってくれる存在です。具体的には、物件探しや内見をサポートし、物件に関する重要な情報を提供してくれます。また、貸主と交渉したい事項がある場合、不動産仲介会社が間に入って話をしてくれます。不動産仲介会社が行うこのようなサポート行為への報酬が**仲介手数料**なのです。

仲介手数料の金額

　仲介手数料の金額は、**宅地建物取引業法**により定められています。例えば、アパートを賃貸する場合、仲介手数料は貸主・借主それぞれ賃料の**0.5 カ月分**以内とされています。もっとも、依頼者の承諾がある場合には、貸主・借主のどちらか一方から賃料の 1 カ月分を受取ってよいこととなっています（その場合でも、仲介手数料の上限は、合計が賃料の 1 カ月分以内であることとされています）。

　実務では、借主から賃料の 1 カ月分を仲介手数料として受取ることが一般的です。また、仲介手数料には別途消費税がかかりますので、この点も注意が必要です。仲介手数料を支払うタイミングは、賃貸借契約成立時となります。仲介手数料は成功報酬となっているため、賃貸借契約が成立するまでは仲介手数料を支払う必要はありません。

■仲介手数料基準表

	報酬（消費税別）
貸主	賃料の0.5カ月分以内
借主	賃料の0.5カ月分以内

※承諾があれば貸主または借主から賃料の 1 カ月分を報酬として受け取ることも可能。

仲介手数料は減額できる？

　仲介手数料については、下限の規定は存在しないため、減額をすることは不可能ではありません。しかしながら、不動産仲介会社の収入は仲介手数料しかないため、減額に応じてくれる可能性は高いとはいえません。現在では「仲介手数料半額」または「仲介手数料なし」を売りにしている不動産仲介会社も存在するため、減額の交渉をするよりも、そのような不動産仲介会社を探して、最初からそこに依頼した方が早いといえるかもしれません。

家賃を滞納したら……

Q.現在住んでいる賃貸マンションの先月分の家賃を滞納してしまいました。マンションを出ていかなければならないでしょうか？

A．家賃滞納を理由として賃貸借契約を解除された場合には、マンションを出ていかなければなりません。もっとも、１カ月分の家賃滞納のみでは賃貸借契約を解除される可能性は低いといえるでしょう。

賃料の不払いは債務不履行

借主は、賃貸借契約に基づいて貸主に賃料を支払う法律上の義務を負っています。この法律上の義務を「**債務**」といいます。賃料の支払いを怠った場合、債務不履行という責任が生じます。

債務不履行による契約解除

契約の当事者が債務不履行をした場合、その当事者は相手方に対し、損害を賠償する責任を負います。家賃を滞納した場合の遅延損害金がこれにあたります。また、契約の相手方は、民法に定められた一定の要件の下に契約を解除することが可能です。賃貸借契約が解除された場合、賃貸借契約は将来に向かって効力を失います。

【参考条文】

民法第541条（催告による解除）

当事者の一方がその債務を履行しない場合において、相手方が相

当の期間を定めてその履行の催告をし、その期間内に履行がないときは、相手方は、契約の解除をすることができる。ただし、その期間を経過した時における債務の不履行がその契約及び取引上の社会通念に照らして軽微であるときは、この限りでない。

信頼関係破壊の法理

　賃貸借契約では、借主が賃料の支払いを怠った場合でも、貸主は直ちに契約を解除できるわけではありません。不動産の賃貸借契約は、貸主と借主の**信頼関係**を基礎に成り立つ継続的契約であるため、賃貸借契約を解除するためには、債務不履行の事実に加えて、貸主・借主間の信頼関係が破壊されたことが必要とされているのです。

　信頼関係の破壊については、個別の事案ごとに判断されるものですが、建物の賃貸借契約の場合は3カ月程度、土地の賃貸借契約の場合は6カ月程度の家賃滞納が一応の基準になるとされています。

　ただし、信頼関係が破壊されたか否かの判断は、貸主・借主間のあらゆる事情を考慮して判断するものとされているため、滞納期間だけで単純に判断するのは禁物です。家賃滞納1カ月で賃貸借契約の解除を認めた裁判例も存在します。

　信頼関係の破壊が認められ、賃貸借契約が解除された場合、借主は賃借物件を原状回復して貸主に明け渡しをしなければなりません。

07 更新料の支払いは拒否できる？

Q.現在住んでいるアパートの賃貸借契約期間が満了するので、契約を更新しようと思うのですが、貸主から更新料を請求されました。更新料は支払わなければならないのでしょうか？

A.賃貸借契約書に更新料についての規定がある場合には、原則として更新料を支払う必要があります。更新料の支払いを拒否した場合には、賃貸借契約を解除される可能性があります。

そもそも更新料とは？

　更新料とは、賃貸借契約更新の際に借主から貸主に支払われる金銭のことをいいます。更新料の性質については「賃料の補充ないし前払、賃貸借契約を継続するための対価等の趣旨を含む複合的な性質を有するもの」と考えられています（平成23年最高裁判決より）。

　更新料は、契約書に規定がある場合にのみ支払義務が生じます。契約書に規定がなければ支払う必要はありません。

更新料の相場は？

　更新料には地域性があり、更新料のない地域も存在します。更新料の金額も地域によってさまざまです。例えば、居住用物件の場合、関東では2年ごとに賃料の1カ月分の更新料が必要になるケースが一般的なようです。

　更新料の規定は消費者契約法第10条に反し無効であると争われたことがありますが、裁判所は「更新料の額が賃料の額、賃貸借契約が更新される期間等に照らし高額に過ぎるなどの特段の事情がない限り」有効

であるとの判断をしています。

更新方法と更新料

　アパートの賃貸借契約を更新する方法として、①合意による更新と②**法定更新**があります。①合意による更新とは、賃貸借期間の満了に際し、貸主と借主で更新の合意をする場合をいいます。実務上は、この合意による更新の手法がとられることが一般的です。②法定更新とは、貸主・借主間で更新の合意に至らなかった場合に、従前の契約と同一の条件で契約を更新したものとみなされるもので、借地借家法によって規定されています。

　アパートを法定更新する場合には、更新料を支払う必要はないとの見解が一般的です。

急に立退きを言われて困った

Q.現在アパートに住んでいるのですが、貸主から立退料を支払うので退去してほしいと言われました。立退きに応じなければならないのでしょうか?

A.一般的な賃貸借契約の場合、当然に立退きに応じる必要はありません。

　貸主が借主に対して立退きを求めるためには、正当事由が必要になります。正当事由がなければ借主は立退きに応じる必要はありません。まずは貸主に事情を確認し、立退料の算定根拠等を確認した上で、立退きに応じるか検討しましょう。

立退き請求には正当事由が必要

　貸主は、いつでも自由に借主に立退きを請求できるわけではありません。賃貸借契約の期間中であれば、賃貸借契約が解除されない限り、借主は立退きに応じる必要はありません。

　賃貸借契約の期間が満了する場合、貸主は、借主に期間満了の1年〜6カ月前に更新拒絶通知を送った上で、賃貸借契約の更新を拒絶し、立退きを請求することが可能ですが、その場合でも「**正当事由**」がなければ更新を拒絶できないとされています (借地借家法第28条)。

　なお、立退き請求に正当事由がない場合でも、借主が任意に立退きに応じることは問題ありません。実務上も、ほとんどの立退き案件が貸主と借主の合意によって処理されているのが現実です。

正当事由の判断

　正当事由は、貸主・借主やその親族が賃貸借の目的となっている不動産を利用する必要性、建物の状態や利用状況、立退料等の一切の事情を総合考慮して決定されます。もっとも、前述の通り、立退きの多くは貸主と借主の合意により処理されるため、正当事由の判断が争われることはあまり多くないといえます。両者の合意が成立せず、**調停**や訴訟になった際に正当事由の判断が争われることになります。

立退料はどのように算定するのか？

　立退料の算定については、一定の計算式が存在するわけではなく、個別の事案によって金額が決定されます。一般的には、引越費用をはじめとする移転経費や居住権、営業権の補償が立退料の要素となります。

　立退料の金額は、正当事由が認められにくい場合には、高くなる傾向があります。交渉によって立退料を増額させることも可能です。無理して立退く必要はなく、貸主と率直に交渉し、立退料に納得ができる場合に立退きに応じるという対応でよいでしょう。自分で立退料の交渉を行うことに不安のある人は、弁護士に依頼した方がいいでしょう。

【参考条文】

借地借家法第28条（建物賃貸借契約の更新拒絶等の要件）

　建物の賃貸人による第二十六条第一項の通知又は建物の賃貸借の解約の申入れは、建物の賃貸人及び賃借人が建物の使用を必要とする事情のほか、建物の賃貸借に関する従前の経過、建物の利用状況及び建物の現況並びに建物の賃貸人が建物の明渡しの条件として又は建物の明渡しと引換えに建物の賃借人に対して財産上の給付をする旨の申出をした場合におけるその申出を考慮して、正当の事由があると認められる場合でなければ、することができない。

09 大家から家賃の値上げを 言われた

Q.現在借りている賃貸マンションの大家さんから家賃を値上げするとの通知が届きました。今後は、請求通りの家賃を支払わなければならないのでしょうか？

A.家賃の増額は、貸主が一方的に行うことはできず、賃借人の同意が必要です。家賃増額の根拠となる資料等の提示を受けた上で、大家さんとしっかり話し合うことが大切です。

賃料の増額には賃借人の同意が必要

借地借家法第32条は、一定の条件の下で貸主または借主による賃料の**増減額請求**を認めています。契約期間が長期にわたることも珍しくない賃貸借契約では、契約期間中に経済情勢が大きく変動する可能性もあるため、賃料を妥当なものに修正する機会を設ける必要があるからです。

賃料は増減を請求した時点で変更されるわけではなく、賃料の変更には当事者の**合意**が必要です。賃料増減の請求がなされたことをきっかけとして、貸主・借主間の協議が始まります。

【参考条文】
借地借家法第32条（借賃増減請求権）
1　建物の借賃が、土地若しくは建物に対する租税その他の負担の増減により、土地若しくは建物の価格の上昇若しくは低下その他の経済事情の変動により、又は近傍同種の建物の借賃に比較して不相当となったときは、契約の条件にかかわらず、当事者は、将来に向かって建物の借賃の額の増減を請求することができる。ただし、一

定の期間建物の借賃を増額しない旨の特約がある場合には、その定めに従う。

合意ができない場合

　貸主・借主間の協議がまとまらない場合、裁判所に**調停**を申立てることになります。調停では、専門家である2名の調停委員の立会いの下、貸主・借主が合意に向けて話し合うことになります。

　調停でも合意に至らない場合、賃料の改定を求める者から訴訟を提起することになります。訴訟の進行中に貸主・借主が**和解**により合意できない場合には、最終的には判決によって賃料の額が決定されることになります。

【賃料増減額の流れ】

1.賃料増減の請求
↓
2.貸主・借主の協議
↓
3.調停
↓
4.訴訟

増額協議中の家賃の支払いについて

　大家さんと家賃の増額について協議をしている最中でも、家賃の支払義務が免除されるわけではありません。協議中でも従前の家賃をしっかり支払いましょう（借地借家法第32条2項）。増額後の家賃でなければ受取らないという大家さんもいるかもしれません。そのような場合には、法務局に**供託**をします。供託を行わずに放置していると、大家さんから家賃滞納を理由に賃貸借契約を解除されてしまう恐れがあるため注意が必要です。

無断転貸するとどうなる？

Q.賃借しているマンションの部屋を友人に転貸したいのですが、法律上問題があるのでしょうか？

A.無断転貸は賃貸借契約の解除事由にあたるため、契約を解除される危険性があります。契約を解除された場合、賃貸人は転借人に対し、直接部屋の明け渡しを請求することも可能です。

賃貸借契約は信頼関係を基礎とする契約

　不動産賃貸借契約は、貸主と借主の**信頼関係**を基礎に成り立つ契約です。貸主は借主を選んで不動産を貸しているのです。賃料を払えば誰に貸してもよいという不動産オーナーはまずいないでしょう。

　賃貸人の承諾を得ずに賃借人が第三者に賃借物を使用収益させることを"**無断転貸**"といいます。無断転貸は、貸主の信頼を裏切る行為であるため、民法第612条2項は無断転貸の場合は、賃貸借契約を解除できると定めています。

【参考条文】

民法第612条（賃借権の譲渡及び転貸の制限）

1　賃借人は、賃貸人の承諾を得なければ、その賃借権を譲り渡し、又は賃借物を転貸することができない。

2　賃借人が前項の規定に違反して第三者に賃借物の使用又は収益をさせたときは、賃貸人は、契約の解除をすることができる。

無断転貸は原則解除可能

　無断転貸がなされた場合、賃貸人は賃貸借契約を解除することができます。賃貸借契約では、一般的に契約を簡単に解除することはできません。賃借人が賃料を払わない場合や賃借物の目的外使用を行った場合でも、貸主と借主間の信頼関係が破壊されたと認められない限り、賃貸人は契約を解除することができないのです。それくらい弱い立場の賃借人は守られているわけです。

　しかし無断転貸の場合は、賃貸人は原則解除することが可能です。賃貸借契約解除の有効性が裁判で争われた場合には、借主側が「**信頼関係が破壊されていないといえる特段の事情があること**」を立証しなければならないとしています。無断転貸を行うことは、それだけで賃貸人の信頼を裏切る行為といえるからです。

　賃貸人は賃貸借契約を解除し、賃借人に対して不動産の明け渡しを請求することができます。また、転借人に対しては、賃貸人は賃貸借契約を解除しなくても不動産の明け渡しを求めることが可能です。

「信頼関係が破壊されていない特段の事情」とは？

　では、信頼関係が破壊されていない特段の事情とは、どのような場合に認められるのでしょうか？　一般的に、特段の事情は賃借人から独立した使用収益があるかを基準に判断するとされています。例えば、賃借人が結婚し配偶者と同居を始めた場合や親と同居した場合には、独立した使用収益は認められないといえるでしょう（使用収益の主体が賃借人から配偶者や親に変更されたと評価されない）。

　もっとも、特段の事情が認められるのは例外的な場合であるため、第三者に賃借物を使用収益させる場合には、賃貸人の承諾を得てから行う必要があります。繰り返しますが、無断転貸（つまり又貸し）は、賃貸人と賃借人の間の信頼関係を破壊する行為なのです。賃貸借契約を解除されても仕方ありません。

索引

あ

一般媒介契約	66,67,68
印紙税	128,130,145
売主の担保責任	78
乙区	55,60

か

解約手付	70
火災保険（料）	86,107
瑕疵担保責任	78
元金均等返済	91
元利均等返済	91
管理組合	30,31,84
期限の利益	114
極度額	50
居住用財産の買換え特例（買換え特例）	134,139,148,150,152,153,164
居住用財産の特別控除（3,000万円特別控除）	134,136,139,153,156,164
共用部分	30
供託	185
切土	34,35
近隣商業地域	15,17
契約解除	79,80

（右列）

契約不適合責任	78
建ぺい率	24,25,35
工業地域	15,17,26
工業専用地域	15,17
クーリング・オフ	80,81,82,83
区分所有建物	57
繰上げ返済	92,110,163
競売	50,51,115
権利部	55
甲区	55
更新料	169,171,180,181
購入された家屋についてのお尋ね	157
固定資産税（評価額）	40,72,86,131
固定資産税清算金	73,144,146

さ

市街化区域	12,13
市街化調整区域	12,13
敷金	171,174
地震保険	86,107,108
司法書士	44,45,131
借地借家法	168,169,184
修繕積立金	31,84
住宅金融支援機構	92

住宅借入金等特別控除（住宅ローン控除）

　111,118,122,123,136,137,153,154

商業地域　　　　　　15,17,26

住民税　　　　119,132,150,151

消費税　　　　　71,128,129

事務所等　　　　　　　81

譲渡所得　　　　132,133,136

所有権　　　　　46,55,131

重要事項（説明）

　　32,33,63,99,170,171

準工業地域　　　　　15,17

準住居地域　　　　　15,17

準耐火建築物　　　　27,29

準都市計画区域　　　　13

準防火地域　　　　　26,27

商業地域　　　　　15,17,25

接道義務　　　　　　20,22

セットバック　　　　20,23

専属専任媒介契約　　66,68

専任媒介契約　　　66,67,68

専有部分　　　　　　　30

相続に関するお尋ね　　157

相続税の申告要否検討表

　　　　　　　　157,158

贈与税　　　　　　　162

損益通算　　　　　135,164

損害賠償請求　　　　　79

た

第一種住居地域　　15,16,25

第一種中高層住居専用地域 15,16

第一種低層住居専用地域　15,16

耐火建築物　26,27,28,29,149

代金減額請求　　　　　79

対抗要件　　　　　　　52

宅地建物取引業（宅建業）62,63

宅地建物取引士（宅建士）

　　　　　　　　62,63,81

第二種住居地域　　　15,16

第二種中高層住居専用地域 15,16

第二種低層住居専用地域　15,16

団体信用生命保険（団信）

　　　　86,104,105,112

調停　　　　　　183,185

追完請求　　　　　　　79

抵当権　　　　　44,50,51

手付（金）32,33,43,45,70,71,80

田園住居地域　　　14,15,17

登記識別情報通知　　　45

登記事項証明書

　　18,47,52,54,55,61,99,162,165

登録免許税　　　　128,131

特定行政庁　　20,21,22,23

都市計画（区域）　12,13,25

取引態様　　　　　64,65

な

二重譲渡	48,49
任意規定	79
任意売却	115
認定住宅	120
根抵当権	50,51
年末調整	122,127

は

ハザードマップ	34,108
非線引区域	13
表題部	55,56,57
不動産取得税	130,131
不動産登記	47,48,52,53
不法占有	46
フラット35	74,75,92,93,94,96
フラット35S	92,95
閉鎖謄本	60
防火地域	26,27
法務局	44,52,54,185

ま

申込証拠金	32
盛土	34,35

や

容積率	24,25
用途地域	14,16

ら

リースバック	115
礼金	172,173

英数字

2項道路	20,23
5年ルール	91
125%ルール	91
MBS	93

【著者】
赤津寛紀（あかつ・ひろき）
司法書士。司法書士事務所アシストライト代表。中央大学法学部卒業。生前対策や会社の事業承継、高齢者の財産管理を主たる業務とする。地域包括支援センターや介護施設、金融機関などで生前対策や家族信託に関するセミナーを開催している。

柴崎貴子（しばさき・たかこ）
税理士・社会保険労務士。柴崎会計事務所代表。明治大学政治経済学部卒業。「幸せな相続」ができるよう、お客様には生前贈与対策の提案に努めている。練馬区にて相続関連の相談業務も行う。小中学校で講師として租税教育の指導も行っている。

房野和由（ふさの・かずよし）
宅地建物取引士・賃貸不動産経営管理士。早稲田大学大学院法学研究科修士課程修了。会社員生活を経た後、行政書士、社会保険労務士の資格を取得し独立。実務の傍ら、資格専門学校にて法律系資格の受験指導を行っている。30代で手に入れた自宅兼事務所でスローライフを実践中。

司法書士・税理士・宅地建物取引士が教える
絶対に知らないとヤバイ！ 不動産取引の進め方

2021 年 3 月 22 日第 一 刷

著　者	赤津寛紀・柴崎貴子・房野和由
発行人	山田有司
発行所	株式会社　彩図社 東京都豊島区南大塚 3-24-4 MT ビル　〒 170-0005 TEL：03-5985-8213　FAX：03-5985-8224
印刷所	シナノ印刷株式会社

URL：https://www.saiz.co.jp
　　　https://twitter.com/saiz_sha

© 2021.Hiroki Akatsu,Takako Shibasaki,Kazuyoshi Fusano Printed in Japan.
ISBN978-4-8013-0501-4 C0036

司法書士・税理士・行政書士が教える
絶対に知らないとヤバイ！ 家族信託の手続きの進め方

　「家族信託」とは、ある目的を達成するために、財産の管理や処分を家族に託するしくみです。

　近年、相続対策としてこの家族信託が注目されています。なぜなら、遺言や成年後見制度では不可能なことも、家族信託なら可能になるからです。

　本書があれば、手続きの流れが図で理解できます。

赤津寛紀・柴崎貴子・中山浩志 著
Ａ５サイズ　本体1400円+税

【改訂版】税理士・社労士が教える
絶対に知らないとヤバイ！ 生前贈与の手続きの進め方

　生前から対策を行っていた人と、何もしないままに相続が発生してしまった人とでは、税負担の面で大きな違いとなって表れます。

　我が身にもいずれ起こるかもしれない相続に備えて、まずは何ができるのかを考えておくことが重要です。円満な財産継承を考えている方は必読です。

柴崎貴子・房野和由 著
Ａ５サイズ　本体1400円+税

社労士・税理士が教える
絶対に知らないとヤバイ！ 定年前後の手続きの進め方

　定年前後の時期には、初めて行う手続きがいくつもあります。雇用継続した場合の雇用保険はどうなる？　健康保険はどうすればいい？　年金を減らされない働き方はあるのか？　…など、やっておかないとヤバイ、しかし誰かが教えてくれるわけではない手続きの数々が、図入りで簡単に理解できます。

房野和由/芥川靖彦 著
Ａ５サイズ　本体1400円+税